독자의 1초를 아껴주는 정성!

세상이 아무리 바쁘게 돌아가더라도
책까지 아무렇게나 빨리 만들 수는 없습니다.
길벗은 독자 여러분이
가장 쉽게, 가장 빨리 배울 수 있는 책을
한 권 한 권 정성을 다해 만들겠습니다.

독자의 1초를 아껴주는
정성을 만나보세요.

미리 책을 읽고 따라해 본 2만 베타테스터 여러분과
무따기 체험단, 길벗스쿨 엄마 2% 기획단,
시나공 평가단, 토익 배틀, 대학생 기자단까지!
믿을 수 있는 책을 함께 만들어주신 독자 여러분께 감사드립니다.

추천사

좋은 책을 고르는 기준은 간단하다. 해당 분야에서 인정받을 만한 결과물이 있는지를 보면 된다. 전문가가 아닌 저자의 정보가 좋을 리 없다. 하지만 진민우는 확실한 결과물이 있고, 그가 책을 썼다. 안 읽을 이유가 있을까?

『역행자』저자 | 자청

많은 이커머스 전문가가 있지만, 내가 진민우를 신뢰하는 이유는 간단하다. 그는 이커머스 매출 증대에 필요한 마케팅의 본질을 정확하게 이해하고 있다. 동시에 제품의 독특한 포인트를 집어내 창의적인 마케팅 전략을 수립한다. 탄탄한 본질 위에 현란한 기교가 어우러진다. 그리고 결과는 폭발적인 매출 상승이다. 이커머스 전문가의 조언이 필요하다면, 진민우와 그의 책은 최적의 선택이 될 것이다.

스몰 비즈니스 코치, 유튜버 | 포리얼

자영업 영역에서 온·오프라인의 경계가 모호해지고 있다. 나는 오프라인 공간을 운영하지만, 꾸준히 시너지를 낼 수 있는 온라인 영역도 모색하고 있다. 내가 본격적으로 온라인 영역으로 확장하려 한다면, 세심하게 안내해 주는 이 책을 꺼내 들 것이다.

유퀴즈 출연, 음주책방 '책바' 대표 | 정인성

이 책은 이커머스를 처음 시작하는 사람부터 오랜 기간 운영해왔지만 기초를 다지고 싶은 사람까지 모두에게 도움이 될 것이다. 실전 경험에서 나온 인사이트와 기본 개념을 아우르고 있어, 이커머스를 운영하는 모든 이들에게 일독을 강력히 추천한다.

네이버 GFA 공식 대행사 CEO | 근육돌이

제가 좀 팝니다

관심을 클릭으로
클릭을 매출로
만드는 방법

진민우 지음

길벗

관심을 클릭으로, 클릭을 매출로 만드는 방법
제가 좀 팝니다
I can sell pretty well

초판 발행 · 2024년 11월 18일
초판 2쇄 발행 · 2025년 3월 19일

지은이 · 진민우
발행인 · 이종원
발행처 · (주)도서출판 길벗
출판사 등록일 · 1990년 12월 24일
주소 · 서울시 마포구 월드컵로 10길 56(서교동)
대표 전화 · 02)332-0931 | **팩스** · 02)323-0586
홈페이지 · www.gilbut.co.kr | **이메일** · gilbut@gilbut.co.kr

기획 및 편집 · 최동원(cdw8282@gilbut.co.kr) | **디자인** · 최주연 | **제작** · 이준호, 손일순, 이진혁
영업마케팅 · 전선하, 박민영, 서현정 | **유통혁신** · 한준희 | **영업관리** · 김명자 | **독자지원** · 윤정아

전산편집 · 김정미 | **CTP 출력 및 인쇄** · 교보피앤비 | **제본** · 신정문화사

- 잘못 만든 책은 구입한 서점에서 바꿔 드립니다.
- 이 책은 저작권법에 따라 보호받는 저작물이므로 무단전재와 무단복제를 금합니다.
  이 책의 전부 또는 일부를 이용하려면 반드시 사전에 저작권자와 (주)도서출판 길벗의 서면 동의를 받아야 합니다.
- 인공지능(AI) 기술 또는 시스템을 훈련하기 위해 이 책의 전체 내용은 물론 일부 문장도 사용하는 것을 금지합니다.

ⓒ 진민우, 2024

ISBN 979-11-407-1427-8 03000 (길벗도서번호 007189)

정가 20,000원

독자의 1초를 아껴주는 정성 길벗출판사

(주)도서출판 길벗 | IT교육서, IT단행본, 경제경영서, 어학&실용서, 인문교양서, 자녀교육서 ▶ www.gilbut.co.kr
길벗스쿨 | 국어학습, 수학학습, 어린이교양, 주니어 어학학습, 학습단행본 ▶ www.gilbutschool.co.kr

페이스북 · https://www.facebook.com/gilbutzigy
네이버 포스트 · http://post.naver.com/gilbutzigy

Thanks to!

제 생각이 글이 되고, 더 나아가 책이 되기까지 제 이름 앞에는 많은 수식어가 붙었습니다. 블로그 체험단 아르바이트로 시작해 지금의 이커머스 에이전시 대표까지 저의 긴 여정 동안 묵묵히 저를 도와준 여러분 덕분에 여기까지 올 수 있었습니다.

광고 대행사를 함께 창업하고 지금은 각자의 자리에서 끈끈한 관계를 유지하고 있는 단짝 김병준 대표님, '체력이 곧 매출이다'를 외치며 멋진 자극을 선사해 주는 최재명 대표님, 든든한 버팀목이 되어 준 안정훈 대표님, 저의 이커머스 스승 나유업 대표님, 마케팅 관점을 열어 준 최찬희 대표님, 새로운 기회를 열어 준 신현규 대표님, 직원 관리에 대한 해답을 제시해 준 김영우 대표님, 비즈니스 마인드를 심어 준 김진호 대표님과 김상민 대표님, 성장을 위한 쓴소리를 아끼지 않은 권준성 대표님, 지치고 힘들 때 기준을 잡아줬던 박수종 대표님, 실무 인사이트를 제시하는 서준석 이사님, 새로운 기회를 함께 만들어 갔던 임우종 대표님과 임선종 본부장님, 늘 묵묵히 지켜봐 주시는 조영승 대표님, 유튜브에서 도움을 주시는 진성욱 대표님, 훌륭한 강의 코치 김준영 대표님, 현업에서 성공 사례를 만들어 나갔던 디피션시랩 식구들, 책 출간이라는 꿈을 이루어 준 길벗출판사 여러분, 이 책의 제목을 두고 열렬히 토론한 방화동 친구들, 마지막으로 늘 나의 곁을 지켜준 하원이와 가족들까지.

귀중한 정보를 아낌없이 나누어 주신 분들 덕분에 이 책을 완성할 수 있었습니다. 이 자리를 빌려 진심으로 감사의 마음을 전합니다.

INTRO

이커머스 사업을 시작한 사람이라면 누구나 매출을 올리고 싶어 합니다. 그리고 광고를 하면 매출이 늘어날 거라는 기대감에 광고비를 아낌없이 투자하지만, 광고에 대한 이해가 부족하면 결국 실망스러운 결과를 맞이하게 됩니다. 이 실망은, 광고비를 들인 만큼 성과가 나오지 않았을 때 모든 책임을 광고에 돌리고, 결국 광고비만 빠져나가고 매출은 오르지 않는 악순환에 빠지는 것을 의미합니다. 심지어 이런 상황이 반복되면 사업을 접는 일까지 발생할 수 있습니다.

이런 비극적인 결과가 발생하는 이유는 팔리는 환경을 고민하지 않기 때문입니다. 많은 업체가 마케팅을 의뢰하지만, 그들 대부분은 팔리는 환경을 깊이 있게 이해하지 못한 상태입니다. 제품이나 서비스를 준비하는 데 이미 상당한 시간과 에너지가 소모되기 때문에, 팔리는 환경까지 분석할 여력이 없는 경우가 많기 때문이죠. 하지만 이커머스 시장은 빠르게 변화하고 있고, 경쟁은 점점 치열해지고 있습니다. 남들이 하는 광고만 따라해서는 성공하기 어렵습니다. 이커머스에서 살아남기 위해서는 반드시 팔리는 환경을 이해하고, 그에 맞는 전략을 세워야 합니다.

   팔리는 환경이란 고객이 제품을 접하고, 구매하고, 만족을 얻는 모든 환경을 말합니다. 즉, 고객이 처음으로 제품을 알게 되는 순간부터 결제를 하는 모든 여정을 원활하게 이루어질 수 있는 환경을 조성하는 것이죠. 고객은 단순히 제품 그 자체를 구매하는 것이 아니라, 그 과정에서 느끼는 경험까지 구매합니다. 따라서 매출을 올리기 위해서는 단순히 좋은 제품을 판매하는 것에서 나아가, 그 제품을 구매하는 여정을 최적화하는 것이 중요합니다.

   이 책에서는 팔리는 환경과 이 환경을 조정하는 방법을 다룹니다. 단순히 광고를 하는 것이 아니라, 고객에게 신뢰를 줄 수 있는 브랜드를 구축하고, 구매 전환율을 높이는 방법에 대해 이야기합니다. 또한, 급변하는 시장에서 꾸준히 경쟁력을 유지하기 위해 지속적으로 개선하고 실험하는 방법도 제시하므로 각자의 상황에 맞게 전략을 세울 수 있을 것입니다.

   지금 당장 매출을 올리고 싶다면, 이 책에서 다루는 내용을 잘 학습하고, 자신에게 맞게 응용해 보세요. 사람들은 단 하나의 정답만을 찾으려 하지만, 이커머스에서는 정답이 하나가 아닙니다. 중요한 것은 주어진 정보를 어떻게 나만의 전략으로 변형하고 적용하느냐입니다. 이커머스에서 성공을 꿈꾸고 있다면, 이 책이 좋은 나침반이 될 것입니다.

2024년 가을 진민우 씀

목차

1. 이렇게 생각한다면 곧 망할 예정입니다!

* **좋은 제품이면 잘 팔릴 것이라는 착각** ··· 018
  - 사이트 최적화: 고객을 맞이할 준비 ··· 020
  - 검색 브랜딩: 고객의 검증을 받을 준비 ··· 023
  - 콘텐츠: 고객을 모셔올 준비 ··· 025
  - 고객 관계 관리: 고객을 다시 모셔올 준비 ··· 028

* **온라인 쇼핑몰 이탈률이 높은 이유** ··· 031
  - 상세 페이지 ··· 033
  - 메인 페이지 ··· 034
  - 리뷰 페이지 ··· 034
  - 장바구니 페이지 ··· 035
  - 결제 페이지 ··· 035

✸ **사이트 기초 공사는 어디까지 하셨나요?** ··· 037
- 리뷰 솔루션 ··· 037
- 리뷰 크롤링 ··· 040
- 간편 회원가입 ··· 041
- 결제 시스템 ··· 043
- CRM 솔루션 ··· 044

✸ **광고만 잘해도 매출이 늘어날 것이라는 착각** ··· 047
- 고객 구매 동선이란 무엇일까 ··· 049
- 검색 브랜딩이란 무엇인가 ··· 051
- 검색 브랜딩 구축 시 가장 중요한 고객 관점 ··· 053
- 진대표 SAY 블로그 체험단을 현명하게 활용하는 방법 ··· 057

✸ **내가 좋으면 남도 좋아할 것이라는 착각** ··· 060
- 고객은 첫 번째를 싫어한다 ··· 061
- 고객들이 사이트에 체류해야 할 명분이 있는가 ··· 062
- 멤버쉽은 고객들의 우월감을 활용한 제도다 ··· 063

✸ **광고로 뒤통수 맞지 않으려면?** ··· 066
- 매출 공식 ··· 067
- 전환율 ··· 069
- 객단가 ··· 071
- 유입률 ··· 073

✸ **광고 효율이 좋으니 이제 곧 팔릴 것이라는 착각** ··· 075
- 전환=구매 전환이 아니다 ··· 075
- 전환 페이지를 나열하면 전환율을 높일 수 있다 ··· 076

- 당장 팔려고 하지 않는 태도가 전환율을 개선시킨다 ··· 078
- 모객과 접객은 동시에 고려해야 한다 ··· 079

✱ 할인율이 높으면 팔릴 것이라는 착각 ··· 082
- 고객 경험을 고려한 라인업 ··· 082
- 고객을 움직이는 상황 마케팅 ··· 084
- 제품이 아닌 솔루션 ··· 085
- 목표 객단가 수립 ··· 085

✱ 유입률이 높으면 마냥 좋은 것이라는 착각 ··· 087
- 고객 정의: 우리 고객은 누구인가 ··· 088
- 매체 선정: 고객이 모여 있는 곳은 어디일까 ··· 089
- 콘텐츠: 구매 확률이 높은 고객을 어떻게 데려올 것인가 ··· 091

  진대표 SAY 매출 환상에 현혹되지 마세요 ··· 095

2. 이커머스는 고객 집착에서 시작한다!

✱ 고객 집착의 중요성 ··· 100
- 일식 장인에게 배우는 섬세함 ··· 102

✱ 고객 결핍을 발굴하는 방법 ··· 105

✳ **고객을 쇼핑몰에 감금하는 방법** ··· 108
  - 우리 브랜드가 도대체 왜 존재해야 하는가 ··· 109
  - 우리는 어떤 역사를 가지고 있는가 ··· 111
  - 제품을 만난 고객의 삶은 어떻게 달라졌는가 ··· 112
  - 제품 기획을 위해 얼마나 치열하게 연구했는가 ··· 113

✳ **좋다고만 하면 싫어지는 알 수 없는 고객의 마음** ··· 116

✳ **고객의 속마음을 알아내야 잘 팔 수 있다** ··· 119

✳ **댓글 관찰력과 콘텐츠 성공률은 비례한다** ··· 124

✳ **고객은 당신의 제품을 구매할 준비가 되어 있나요?** ··· 129

3. 한 장의 콘텐츠로도 억대 매출이 가능합니다!

✳ **광고 vs 선전, 광고의 본질** ··· 136
  - 누구에게 팔 것인가? ··· 138
  - 이 제품이 왜 필요한가 ··· 141

✹ **콘텐츠, 그런데 왜 만드나요?** ··· 145
　　진대표 SAY　어설픈 연기로는 팔 수 없다 ··· 149

✹ **제품과의 연관성을 고려해야 팔리는 콘텐츠가 완성된다** ··· 151
　－ 왜 팔리지 않았을까 ··· 154

✹ **어떻게 각인시킬 것인가** ··· 155

✹ **왜 나영석 PD의 프로그램은 죄다 컨셉이 똑같을까?** ··· 158

✹ **단일 이미지 콘텐츠의 활용 능력과 매출은 비례한다** ··· 161
　－ 그런데 단일 이미지 콘텐츠가 뭘까 ··· 162
　－ 본능을 자극하는 카피라이팅 ··· 163
　　진대표 SAY　이성적 콘텐츠 vs 감성적 콘텐츠 ··· 166

✹ **줄 서는 대박집이 계속 잘 되는 이유** ··· 168

✹ **광고 매체의 입맛을 알면 광고 효율이 높아진다** ··· 171
　　진대표 SAY　콘텐츠 3할 타자가 되려면? ··· 175

✹ **100명 중 10명을 사로잡았다면 일단 성공입니다** ··· 177
　－ 랜딩 페이지가 열리자마자 광고는 시작된다 ··· 178
　－ 상세 페이지 전환율을 움직이는 변수 ··· 179
　－ 상세 페이지와 리뷰의 연관성 ··· 182

※ **알고 따라해야 성공합니다** ··· 184
- 충동 구매의 한계 ··· 185
- 환불 배너는 브랜딩 영역이다 ··· 186
- 환불 과정에서의 고객 관계 구축 ··· 187

※ **제품 카테고리별 콘텐츠 접근법은 다르다** ··· 189
- 패션 쇼핑몰 ··· 190
- 화장품 쇼핑몰 ··· 190
- 생활용품 쇼핑몰 ··· 191
- 건상식품 쇼핑몰 ··· 192

이커머스 신분 상승 전략, SNS 마케팅

※ **SNS는 더 이상 소셜 네트워크 서비스가 아니다** ··· 196
- SNS는 이제 더 이상 친목 서비스가 아니다 ··· 198

※ **SNS에서 제품을 '구매'할 수밖에 없는 이유** ··· 201
- 고객의 '준거집단'이 활동하는 공간 ··· 201
- 반복적으로 노출되면 제품 구매 확률이 높아진다 ··· 203
- 합리적인 소비를 위한 스몰데이터 ··· 204
- 이곳에서는 '대란템'이 가능하다 ··· 204

- 맨션을 통한 디지털 검증 ··· 205
- 일반인이 SNS 콘텐츠 제작자로 활동할 수 있는 환경 ··· 206

✳ **SNS에서 제품을 '판매'해야 하는 이유** ··· 208
- SNS에서는 실패해도 사람이 남는다 ··· 209
- 노출은 그 자체만으로도 유의미한 결과를 만든다 ··· 210

✳ **SNS를 선택하기 전, 장착해야 하는 태도** ··· 212
- SNS는 어떻게 선택해야 하는가 ··· 213

✳ **SNS 계정을 키울 때 알아야 하는 핵심 알고리즘** ··· 215
- 핵심 알고리즘, 페이지 히스토리 ··· 216

✳ **당신의 인스타그램 계정엔 '팔로우 명분'이 있나요?** ··· 219
- 고객은 롤모델의 감성을 팔로우로 구매한다 ··· 220
- 지나치게 구체적인 정보여야 기꺼이 팔로우를 지불한다 ··· 221
- 희소성은 팔로워의 호기심을 얻기 수월하다 ··· 223

✳ **갑자기 매출이 오른 고객사와 어느 패션 유튜버 이야기** ··· 225

✳ **인스타그램 계정을 운영하며 느낀 소소한 인사이트** ··· 230
- 인기 게시물은 내 팔로워가 만들어 준다 ··· 231
- 내 계정 점수에 맞는 해시태그를 공략해야 한다 ··· 232

5 광고비 500억으로 얻은 광고 인사이트

✳ **광고에 반응할 법한 타겟을 발굴하는 방법** ··· 236

✳ **머신러닝이란 무엇인가?** ··· 241

✳ **퍼포먼스 광고 운영 전략 이야기** ··· 244
  - 사람이 할 수 없는 것을 깔끔하게 인정해야 한다 ··· 244
  - 캠페인의 상호 보완적인 역할을 이해해야 한다 ··· 245
  - 타게팅은 적절한 타겟에게 메시지를 송출하는 것이다 ··· 248
  - 성과 분석은 통계적인 관점과 고객의 관점에서 진행해야 한다 ··· 249
  - 성공하는 사업자의 관점을 훔쳐야 한다 ··· 250

✳ **완벽한 타게팅이란 무엇인가?** ··· 251

✳ **광고 매체의 손맛** ··· 254

✳ **지금 지출되는 광고비의 명분** ··· 260

✳ **그래서, 어디서 팔 것인가?** ··· 264

6. 제가 좀 팝니다!

✱ **Ep. 01: 출시 후 첫 달 매출, 2억을 달성했다** ⋯ 270

✱ **Ep. 02: 어떻게 출시와 동시에 억대 매출을 달성할 수 있었을까** ⋯ 273
- 무엇을 파느냐보다 누가 파느냐 ⋯ 273
- 고통지수가 높은 질병과 연계된 제품 ⋯ 275
- 어떤 콘텐츠로 설득할 것인가 ⋯ 276
- 즉각적인 고민 상담 ⋯ 277

✱ **Ep. 03: 매출 하락, 과연 극복할 수 있을까?** ⋯ 278
- 문제를 모르는 것이 문제다 ⋯ 279
- 판을 바꾼다는 것 ⋯ 280
- 리소스, 선택과 집중 ⋯ 281

✱ **Ep. 04: 진대표, 제조업 20년 이래로 최고 매출이에요** ⋯ 283
- 매출 시즌을 활용한 프로모션 ⋯ 284
- 고객 페르소나별 상세 페이지 ⋯ 285
- 제품 라인업 확장 ⋯ 287

✱ **Ep. 05: 매출은 발생했는데, 영업 이익이 이 모양이라고?** ⋯ 288

✳ **Ep. 06: 명분 없는 할인은 매출 몰락의 지름길이다** ··· 292
- 우리 제품은 시즌성 제품인가? ··· 294
- 지금 제품 컨셉이 최선인가? ··· 294
- 광고 콘텐츠와 상세 페이지가 일치하는가? ··· 294
- 고객이 구매에만 집중할 수 있는 상세 페이지인가? ··· 295
- 사이트의 로딩 속도를 체크했는가? ··· 295
- 신규 고객 유치에만 집착하고 있지는 않는가? ··· 296
- 객단가를 올리려는 실험은 지속되고 있는가? ··· 296
- 광고 소재에 대한 피로도를 고려하고 있는가? ··· 296
- 우리의 고객이 모여 있는 곳에 광고를 송출하고 있는가? ··· 297
- 매체를 끊임없이 늘리는 시도를 하고 있는가? ··· 297

✳ **찾아보기** ··· 298

1

이렇게 생각한다면 곧 망할 예정입니다!

이커머스 기초 체력이
중요한 이유

이번 장에서는 이커머스 시장에서 살아남기 위해 무조건 갖춰야 하는 네 가지 핵심 개념과 온라인 매출 공식에 대해 다룹니다. 여기서 설명하는 네 가지 핵심 개념은 지금까지 온라인 비즈니스에서 처절한 실패와 찬란한 성공 속에서 발굴한 아주 기본적이고 또 필수적인 기초 체력입니다. 온라인 매출 공식은 앞으로의 온라인 비즈니스에 유념해야 하는 세 가지 핵심 지표이므로 전반적인 내용을 충분히 이해할 수 있도록 숙지하는 것이 좋습니다. 만약 이해가 안 된다면 몇 번이고 반복적으로 학습하여 체득할 것을 당부합니다.

좋은 제품이면 잘 팔릴 것이라는 착각

잘 팔기 위한 이커머스 기초 체력

　백여 개가 넘는 많은 업체와 마케팅을 진행하다 보면 여러 가지 유형의 업체를 만나게 된다. 매출을 늘려 달라는 업체, 매출이 늘자 내부에서 진행하겠다는 업체(그리고 내부에서 진행하다가 다시 맡기는 업체), 묵묵히 기다려 주는 업체, 성과를 위해 무언가를 계속 제안하는 업체 등 정말 다양한 업체가 있다. 그런데 이 중 가장 안타까운 업체는 제품은 매력적이지만 이커머스 환경에 맞게 마케팅을 전개하지 못하는 업체다. 매력적인 제품을 만드는 것이 얼마나 어려운 일인지 잘 알기 때문에 이런 업체를 접하면 사명감과 같은 감정이 솟구친다.

▲ 대구 교육 업체의 SNS 컨설팅 현장

   매력적인 제품이 있음에도 그것을 어필하지 못하는 이유는 무엇일까? 이들에게 가장 필요한 것은 바로 이커머스 기초 체력이다. 이는 마치 운동 선수가 자신의 분야에서 뛰어난 실력을 발휘하기 위해 가장 먼저 기초 체력을 끌어 올리는 것과 같다. 이커머스에서도 남들과 다르게, 그리고 독보적으로 무언가를 팔아내려면 기초 체력이 필요하다. 아쉽게도 이커머스에 처음 발을 내딛는 사람들 중 대부분이 기초 체력이 없거나 그 중요성을 전혀 모른다. 하지만 기초 체력이 없음을 인정하는 사람들에게는 가능성이 있다. 반대로 '그게 뭐가 중요해?'라고 고집을 부리는 순간, 일은 틀어지기 시작한다.

우리 고객들은 무언가를 구매하기 전에 특정한 경로를 거친다. 한적한 골목길에 숨겨진 보석 같은 맛집을 찾는 과정을 생각해 보면 쉽게 이해할 수 있을 것이다. 예를 들어, 처음 방문하는 지역의 맛집을 찾기 위해 인스타그램에서 '##동 맛집'을 검색한 후 네이버 블로그에서 리뷰를 찾아 확인하는 것처럼 우리도 다른 누군가의 고객이 되면서 이러한 구매 동선을 스스로 만든다. 운동 선수에게 필요한 기초 체력이 근력, 지구력, 순발력 등이라면, 구매 동선은 이커머스를 시작하는 데 필요한 기초 체력 중 하나이다. 이커머스 기초 체력이 있느냐 없느냐에 따라 사업의 성패가 결정된다고 해도 과언이 아니다. 긴 여정을 시작하기 전에 이커머스 기초 체력이 무엇인지, 이를 장착했을 때 우리의 비즈니스에 어떤 변화가 있을지 하나씩 알아보자.

사이트 최적화: 고객을 맞이할 준비

맛집에 방문했지만 음식이 늦게 나오거나 직원이 불친절하다면 아무리 음식이 맛있어도 자연스럽게 다시는 방문하지 않게 된다. 이커머스도 마찬가지다. 광고를 보고 찾은 사이트의 상세 페이지에 매력이 부족하거나, 제품을 구입한 고객의 후기가 좋지 않거나, 사이트의 컨셉이 혼란스러워 무슨 사이트인지 알 수 없다면 이탈률이 높은 사이트가 되기 십상이다.

판매자 입장	고객 입장	결론
우리 제품에는 특허 받은 성분이 포함되어 있습니다.	그래서 그게 나한테 어떻게 좋은 건데?	구매 이탈

▲ 판매자의 관점만 제시한 경우

판매자의 관점에서 만든 상세 페이지는 제품의 가격이 합리적이고 성능이나 성분이 좋다는 등의 장점만 열거되어 있어 고객이 매력을 느끼기 어렵다. 이러한 판매자 관점의 상세 페이지는 이탈률을 높이는 원인 중 하나다. 결국 구매는 고객이 하는 것이므로 고객의 관점에서 제품을 구매했을 때 구체적으로 어떤 이득이 있는지, 그리고 구매를 망설이는 고객의 고민을 파악하여 이를 상세 페이지에서 해소해야 매력적인 상세 페이지가 완성되고 고객의 신뢰를 얻을 수 있다. 이밖에도 고객이 구매를 결심하기 전에 가장 많이 참고하는 후기가 조작된 것처럼 보이거나 부정적인 후기가 많다면 이 역시 이탈률을 높이는 원인이 된다. 또한, 쇼핑몰의 컨셉을 알 수 없게 디자인했거나 제품 하나만 등록해 놓고 방치하는 경우, 브랜드 스토리 대신 형식적인

> **이탈률**
> 사이트에 들어온 100명의 고객 중 몇 명의 고객이 사이트의 창을 닫거나 다른 사이트로 갔는지를 %로 정리한 개념

내용만 가득한 것도 고객의 신뢰를 잃고 이탈하는 원인이 된다.

> **TIP** 매력적인 상세 페이지에 대한 자세한 내용은 177쪽을 참고하세요.

▲ 온라인 쇼핑몰 사이트 구매 화면

이밖에도 이탈률을 높이는 원인은 다양하다. 네이버페이, 카카오페이 등 고객이 애용하는 결제 시스템이 탑재되어 있지 않다면 이 역시 사이트의 이탈률 높이는 원인이 된다. 이커머스에서의 사이트 최적화는 결국 고객을 모실 준비가 충분히 되어 있다는 의미이다. 준비가 되어 있지 않은 상황에서 발생하는 트래픽은 밑 빠진 독에 물 붓는 것과 같다.

> **TIP** 사이트 최적화에 대한 자세한 내용은 31쪽을 참고하세요.

검색 브랜딩: 고객의 검증을 받을 준비

▲ 과장 광고에만 의존했을 때 나타나는 고객의 실제 반응

한참 '믿거페(믿고 거르는 페이스북)'라는 단어가 마케터들 사이에서 그리고 실제 제품을 구매하는 고객 사이에서 유행처럼 번져나갔다. 그 이후 '믿거인(인스타그램)', '믿거유(유튜브)' 등 과장 광고, 허위 광고에 지친 이들이 이러한 단어를 쓰기 시작했다.

믿거페, 믿거인, 믿거유라는 단어가 생겨나는 본질적인 이유는 콘텐츠 플랫폼이 초반에는 구독자를 늘리기 위해 상업적 의도 없이 다양한 콘텐츠를 제공하지만, 결국에는 상업적인 광고를 도입하기 때문이다. 고객들은 무료로 콘텐츠를 보다가 갑자기 목적성을 가지고 접근하는 광고를 접하면서 자연스럽게 배신당했다고 생각한다. '나에게 무언가를 팔기 위한 광고판이었구나.'라고 인지하게 되는 것이다.

시간이 점차 지나며 대부분의 SNS 플랫폼이 광고판이 되면서 '그래, 광고인 건 알겠어. 그런데 이거 정말 유명한 제품 맞아? 후기가 좋은 제품이 맞는 거야?'라고 생각하는 고객들이 생겨났다. 즉, 어느 순간부터는 광고판에 분노하기보다는 광고를 본 뒤 '검증'을 하기 시작했다. 결국 광고도 하나의 '정보'라는 사실을 깨닫게 된 것이다. 이러한 고객의 심리를 파악했다면, 광고를 본 고객이 검증의 단계를 거친다는 사실을 당연하게 받아들여야 한다. 만약 몰랐다면 지금이라도 고객이 최종 구매라는 종착지에 도착하기 전에 여러 단계의 구매 동선을 거치며 검증한다는 사실을 인지해야 한다. 인스타그램에서 광고를 본 고객은 포털 사이트에서 광고의 브랜드나 제품을 검색한다. 만약 검색 결과가 없다면 고객은 바로 이탈하며, 이것은 매우 당연한 수순이다.

TIP 검색 브랜딩에 대한 자세한 내용은 47쪽을 참고하세요.

바이럴 마케팅
인터넷상에서 바이러스처럼 고객에 의해 다른 고객에게 전달되는 입소문 마케팅

바이럴 마케팅(Viral Marketing)이 지속되는 이유는 구매 동선 중 검증 절차에 대비할 수 있는 가장 효율적인 광고 수단이기 때문이다. 그렇기 때문에 광고를 본 고객이 어떤 구매 동선을 거치며 제품을 검증하는지 제대로 알고 각각의 동선에 소비할 가능성이 높은 정

보를 배치해야 한다. 맛집을 방문하기 전에 인스타그램에 '##동맛집'이라는 해시태그를 검색한 다음 추가적인 검증을 위해 블로그를 검색하고 마지막으로는 영수증 리뷰를 보는 것처럼 예비 고객이 맛집에 도착하기 전까지 어떤 동선을 거치는지를 반드시 시뮬레이션을 해야만 한다. 이를 위해 블로그 체험단, 리뷰 작업을 하라는 것이 아니다. 다만, 고객이 원하는 정보를 스스로 검증할 수 있도록 검색을 브랜딩해야 한다는 것이다.

콘텐츠: 고객을 모셔올 준비

고객을 유입시키는 가장 좋은 방법은 콘텐츠를 생산하고, 이 콘텐츠가 소비될 가능성이 높은 매체를 찾아내는 것이다. 이때 콘텐츠 발행 목적을 제대로 설정해야 하는데, 보통 매출만을 목표로 설정하는 경우가 많다. 물론 매출을 위한 콘텐츠도 중요하지만, 매출이 발생하려면 제품에 대한 호기심을 이끌어내고, 제품을 구매했을 때 얻을 수 있는 이득을 제시해야 한다. 따라서 콘텐츠 발행 목적을 '제품 인지', '호기심 유발', '회원 가입', '재구매' 등으로 세분화하여 콘텐츠를 다각화해야 한다.

 콘텐츠 다각화로 회원 가입과 재구매가 발생한다면 금상첨화다. 가입 회원을 대상으로 지속적인 콘텐츠를 발행하거나 회원 가입 시 포인트나 적립금을 제공하면 한 명의 고객으로부터 더 많은

> **객단가**
> 고객 한 명당 평균 구매 금액

객단가를 발생시킬 수 있기 때문이다. 예를 들어, 가입 회원을 대상으로 '2+1' 또는 '3+1' 프로모션 내용을 담은 콘텐츠를 발행하면 한 명의 고객에게 객단가 상승과 재구매율을 높이는 두 마리 토끼를 잡을 수 있다.

콘텐츠를 생산할 때에는 '효율의 불균형'이 발생하지 않도록 주의해야 하는데, 효율의 불균형이란, 호기심만 강조해 콘텐츠 클릭률은 높지만 제품 정보가 부족해 구매율이 낮거나 반대로, 제품의 장점은 잘 정리되어 있지만 호기심을 끌지 못해 클릭률이나 콘텐트 유입 성과가 낮은 것을 의미하는 것으로 효율의 불균형이 발생하면 전체 효율이 저조해지는 상황을 초래할 수 있다. 주름에 개선에 도움이 되는 화장품의 홍보 콘텐츠라면, '주름이 없어져요!'라고 외치는 순간 사람들은 해당 콘텐츠를 믿고 거를 가능성이 높다. 이런 경우 '주름 개선'이라는 키워드로 제품에 대한 호기심을 자극하고 그 이후 단계에서 어떤 원리, 어떤 성분이 주름 개선에 효과가 있는지 구체적으로 설명해야 한다. 만약 호기심만 자극하거나 제품의 장점만 강조한다면 호기심과 장점 사이, 효율의 불균형이 생기게 된다.

또한 이렇게 생산한 콘텐츠 중 제품이 어떤 콘텐츠로 잘 팔리는 지를 지속적으로 확인해야 한다. 효율이 저조하다는 업체와 미팅을 하며 담당자에게 '그래서 이 제품은 어떤 콘텐츠에서 구매가 발생하나요?' 혹은 '어떤 콘텐츠의 •CTR(Click Through Rate)과 •CPC(Cost Per Click)가 높나요?'라고 질문했을 때 답하지 못하는 경우가 많다. 효율이 저조한 이유는 콘텐츠에 대한 정의가 불확실하기 때문이다. 반드시 콘텐츠만으로 제품을 판매해야 한다면 콘텐츠의 어떤 키워드나 이미지가 실제 구매 전환에 유의미한 성과가 있는지를 감각적으로든 데이터로든 축적해 나가야 한다. 앞서 예로 든 주름 개선 화장품의 경우 '팔자 주름', '눈가 주름', '이마 주름' 등 콘텐츠의 다양한 키워드 중 결국 고객을 결제의 문으로 인도하는 키워드가 무엇인지 끊임없이 콘텐츠를 통해 실험하고 검증해야 하며 이런 준비가 돼있을 때 비로소 '고객을 모셔올 준비가 됐다'라고 말할 수 있는 것이다.

> **CTR**
> 광고 콘텐츠나 링크를 본 고객 중 실제로 클릭한 고객의 비율
>
> **CPC**
> 광고 콘텐츠나 링크가 한 번 클릭될 때마다 광고주가 지불하는 금액

고객 관계 관리: 고객을 다시 모셔올 준비

퍼포먼스 마케팅(Performance Marketing)이 유행처럼 번지면서 드라마틱한 매출 성과를 내는 업체가 많아졌다. 하지만, 이커머스에 몸을 담고 있다면 퍼포먼스 광고에 한계 효율이 있다는 것을 알고 있을 것이다. 세상에 없는 새로운 제품을 출시하거나 남들과는 다른 접근으로 판매를 하는 업체가 등장하면 드라마틱한 매출 성과를 만들어 내지만 보통 이런 경우는 극히 드물다. 이제는 매체 그리고 콘텐츠를 통해 노력을 하더라도 어느 이상의 효율을 만들어 내는 것이 매우 어려운 시장이 되었다. 하루에도 수백 개의 제품이 탄생해버리는 그야말로 '레드오션'이 되어 버린 것이다.

> **TIP** 퍼포먼스 마케팅은 온라인 마케팅 활동의 일환으로 성과 목표를 설정하고, 성과 달성을 위한 업무를 진행하고 개선해 나가는 성과 중심의 마케팅입니다. 퍼포먼스 마케팅에 대한 자세한 내용은 236쪽을 참고하세요.

이러한 상황에서 퍼포먼스 마케팅으로 우리 고객이 된 이들이 얼마나 소중한 존재인지 깨달아야 한다. 마케터가 끊임없이 CLTV(Customer Life Time Value, 소비자 생애 가치)를 고민하는 이유는 고객 한 명을 획득하는데 필요한 비용과 그 효율은 광고를 집행할수록 한계치에 가까워지고 더 많은 효율을 내려면 결국 고객 한 명

> **CLTV**
> CLV라고도 하며, 한 명의 고객이 우리 비즈니스에서 발생시킬 것으로 예측할 수 있는 전체 수익

의 CLTV를 관리해야 하기 때문이다. 예를 들어 카페에 방문한 고객의 구매가 커피 한 잔에서 그치지 않도록 적절한 디저트나 커피의 맛을 끊임없이 고민하거나 쿠폰을 제시하여 추가 구매와 재방문을 유도하고 친절하게 응대하는 노력이 필요한 것이다.

온라인 브랜드를 운영하는 기업이 '스토어 찜하기', 자사몰 내의 '플친 모객', 호스팅사를 활용한 '문자 광고', 앱의 '푸시 메시지' 등에 집착하는 이유는 힘들게 획득한 고객을 관리하며 퍼포먼스 마케팅의 한계를 극복할 수 있는 효율을 확인했기 때문이다. 퍼포먼스 마케팅을 하다 보면 수많은 경쟁사 때문에 광고비를 지출할수록 효율이 낮아지는 상황을 직면하게 된다. 이 때 광고로 유입된 고객을 관리할 수 있는 구조가 아니라면 광고비는 계속 지출하면서도 효율이 낮아져 영업 이익률까지 낮아지게 된다. 앞서 예로 든 카페와 같이 온라인에서도 끊임없이 프로모션 메시지를 받을 고객을 만들어야 한다. 고객이 플친 추가를 하는 순간부터 •CRM(Customer Relationship Management, 고객 관계 관리)이 시작된다. 우리가 가진 제품의 기획 배경, 장점, 프로모션 등 다양한 메시지를 발행하면서 우리의 존재를 고객에게 계속 환기시켜야 한다.

> **CRM**
> 고객 관계 관리, 고객과의 관계를 효율적으로 관리하기 위해 사용하는 전략 기술이나 시스템

'우리는 고객을 다시 데려올 준비가 되어있는가?'라는 질문은 결국 '지금 획득한 고객과의 관계를 유지하기 위해 꾸준히 고민하고 있는가?'로 귀결되므로 CRM에 소홀하면 힘들게 얻은 고객을 함부로 대할수록 효율은 하향 곡선을 그리게 된다.

TIP CRM(고객 관계 관리)에 대한 자세한 내용은 60쪽을 참고하세요.

온라인 쇼핑몰 이탈률이 높은 이유

사이트 최적화①
왜 그냥 가시나요?

 '사이트 이탈률'이란 고객이 사이트에 유입된 후, 특정 행동을 하지 않고 떠나는 비율을 말한다. 예를 들어, 100명의 고객이 쇼핑몰에 유입된 후 80명이 구매하지 않고 떠났다면, 이탈률은 80%가 된다. 80%가 바로 떠났다고, 야속하다고 생각한다면 아직 멀었다. 온라인 쇼핑몰의 평균 이탈률은 90~95%이다. 최악의 경우 100명이 유입되었을 때 5명만 구매하고 나머지는 바로 이탈하는 경우도 발생한다. 이런 최악의 상황이 펼쳐지는 이유는 무엇일까?

이커머스 사업자에게 고객이 쇼핑몰을 떠나는 이유에 대해 물어보면 대부분 구체적인 이유를 대답하지 못한다. 사실 상식적으로도 모를 수밖에 없다. 오프라인처럼 매장에 방문하는 고객의 표정과 행동을 직접 관찰할 수도 없기 때문이다. 고객이 떠나는 이유를 알 수 없으니 이탈률이 낮거나 매출이 높은 다른 쇼핑몰을 관찰해도 당장 내 쇼핑몰의 문제점이 무엇인지 모르는 경우가 허다하다. 이탈률은 과연 어디서부터 접근해야 해결할 수 있을까?

이탈률은 고객이 구매하는 과정을 해체하면 해결할 수 있다. 즉, 고객이 사이트에 들어와 최종적으로 구매하기까지 어떤 과정을 거쳐 구매하게 되었는지 세세하게 나열해보는 것이다. 결국 이탈이라는 것은 경로에서 벗어나는 행위이므로 최종 구매로 가는 고객의 동선을 역추적해 보다 보면 고객이 이탈할 만한 가능성이 높은 경로를 예상해 볼 수 있다. 그렇다면 온라인에서 고객은 최종 구매까지 어떤 경로를 거쳐갈까? 대부분의 온라인 쇼핑몰의 구매 동선은 다음과 같이 정리할 수 있다.

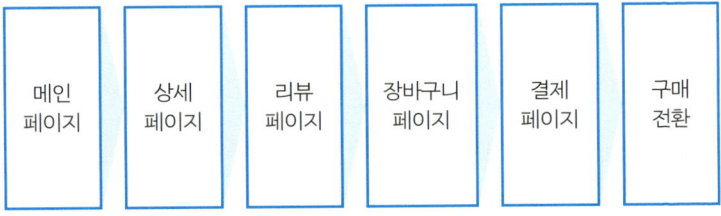

▲ 사이트 유입 후 구매 동선

여기서 직접 검색이 아닌 광고를 통해 쇼핑몰로 유입된 경우라면 최종 랜딩 페이지를 제품의 상세 페이지로 연결하므로 메인 페이지와 상세 페이지의 순서만 바꾸면 된다. 이렇게 판매까지의 여정을 해체한 다음에는 각 경로에서 고객이 이탈할 요소가 무엇일지 점검해 보자. 여기서는 광고로 유입된 경우를 예로 들어 각 경로에서 점검해야 할 사항에 대해 알아보자.

상세 페이지

광고에서 제품에 대한 호기심을 가진 고객이 상세 페이지에 방문했을 때 신뢰할 만한 요소가 있는가? 피부가 밝아지는 미백 앰플을 예로 신뢰감을 주려면 다음과 같은 내용이 포함되어 있어야 한다. 정말 피부가 밝아지는지(임상 실험), 피부가 밝아지는 이유는 무엇인지(논리), 어떤 문제 상황에 효과를 얻을 수 있는지(필요성 제시) 등과 같은 콘텐츠가 상세 페이지에 포함되어 있는지를 점검해 보자. 이외에도 신뢰를 줄 수 있는 전문가 인터뷰 또는 혁신적인 성분과 같은 요소도 상세 페이지에서 신뢰감을 줄 수 있는 요소이다.

메인 페이지

<u>메인 페이지는 미로 같은 지하철 입구 앞의 안내판 같은 기능을 한다.</u> 우리가 고객에게 꼭 전달해야 하는 콘텐츠를 고객이 헤메지 않고 바로 선택할 수 있도록 일목요연하게 안내하고 있는가를 점검해 보자. 또한, 고객이 쇼핑몰에 방문하자마자 보게 되는 페이지이므로 할인이나 특정 이벤트가 있을 때 적절하게 정보를 제공하고 있는지도 점검해야 한다.

리뷰 페이지

리뷰 페이지는 고객의 구매 여정 중 구매와 직결된 경로이다. 광고로 유입된 고객은 상세 페이지는 끝까지 살펴보지 않아도 리뷰는 몇 페이지든 계속 보기 때문이다. 많은 리뷰 중 충성 고객이 정성을 들여 작성한 리뷰는 수 백 개의 광고 콘텐츠를 발행하는 것보다 더 큰 위력을 발휘한다. 실제로 광고를 운영하다 보면 제품을 구입하고 만족한 구매 고객의 정성 가득한 리뷰 하나 덕분에 같은 광고비를 사용하고도 매출이 1.5배, 많게는 2배까지 오르는 사례도 있다.

　고객이 자발적으로 리뷰를 남기게 하려면 그들의 관심을 끌 수 있는 적절한 혜택이 필요하다. 대부분의 쇼핑몰에서는 포토 리뷰를 작성하면 적립금을 준다는 형식적인 문구를 내세우지만, 이러한 혜택은 정작 고객에게 크게 매력적이지 않다. 오히려 판매자는 고객 리뷰를 확보하는 것이 광고비를 들여 매출을 높이는 투자라고 생각하고, 고객에게 더 큰 혜택을 제공하는 것이 좋다. 예를 들어, 리뷰를 남긴 고객에게 해당 상품을 하나 더 증정하는 식으로 더 큰 보상을 주는 것이 효과적일 때도 있다.

장바구니 페이지

장바구니 페이지에서 중요한 점검 사항은 결제 페이지로 이어지는 전환율이 낮은 이유를 파악하는 것이다. 결제 페이지로 넘어가는 전환율이 낮다면, 고객이 구매에 대한 확신을 가지지 못했다는 의미다. 가장 대표적인 이유는 경쟁사보다 높은 가격으로 장바구니에 제품을 담아놓고 고민하다가 더 저렴한 제품을 발견하면, 결국 구매하지 않는 상황이 생길 수 있다. 이런 경우, 장바구니에 상품을 담은 고객에게 당일 구매 시 무료 배송과 같은 혜택을 제공함으로써 결제 페이지로의 전환율을 높일 수 있다.

결제 페이지

결제 페이지로 전환됐다고 해서 안심하기는 이르다. 마지막 순간까지 긴장을 늦추지 말고, 고객이 편리하게 결제할 수 있도록 가장 신경 써야 할 부분이 바로 결제 페이지다. 배송지나 구매자 정보를 입력하는 데 어려움이 없는지, 고객이 선호하는 결제 방식이 준비되어 있는지 세심히 살펴보자. 요즘 고객이 자주 사용하는 결제 수단이 갖춰져 있어야 결제 페이지에서의 이탈률을 0%에 가깝게 만들 수 있다.

사이트 기초 공사는 어디까지 하셨나요?

사이트 최적화②:
놓치면 안 되는 필수 사이트 구축 항목

사소해 보이는 작은 요소 하나가 고객의 이탈을 유발해 결국 매출에 큰 영향을 줄 수 있다. 여기서는 고객의 구매 여정에서 이탈을 최소화할 수 있는 핵심 솔루션과 미리 준비해 두면 좋은 최적화 전략을 소개한다. 작은 차이가 큰 결과를 만들어내는 쇼핑몰 최적화 방법에 대해 알아보자.

리뷰 솔루션

본격적으로 리뷰 솔루션에 대해 설명하기 전에, 쇼핑몰 웹사이트가 어떻게 만들어지는지 알아야 한다. 온라인에서 제품을 판매하기 위해서는 당연히 웹사이트가 필요하다. 쿠팡이나 스마트스토어와 같이 이미 고객이 모여 있는 플랫폼을 통해 판매할 수도 있지만, 독자적인 사이트를 만들어 운영할 수도 있다. 보통 이를 '쇼핑몰'이라고 부르지만, 다른 사람들은 '자사몰' 혹은 '공식몰'이라고도 한다.

쇼핑몰을 만드는 방법은 생각보다 간단하다. 대표적인 예로 '카페24'와 같은 호스팅 서비스를 제공하는 업체를 통해 쉽게 만들 수 있다. 호스팅 서비스를 이용하면 결제, 제품 및 재고 관리, 마케팅 연동 등 쇼핑몰 운영에 필수적인 기능을 간편하게 설정하여 사용할 수 있다. 물론 카페24 외에도 다양한 호스팅 서비스가 있지만, 국내에서 가장 많이 사용하고 직접 사용한 결과, 관리와 광고 연동 측면에서 많은 이점이 있어 카페24를 주로 사용한다. 카페24는 쇼핑몰을 만든 후에도 인스타그램이나 구글과 같은 플랫폼에 광고를 연동하는 과정도 간편하며 많은 웹디자이너가 카페24를 다룰 줄 알기 때문에 웹디자이너와의 협력도 수월하다.

리뷰 솔루션이 필요한 이유는 간단하게 두 가지다. 하나는 스태프 리뷰 작성이 편리하다는 점, 다른 하나는 카페24의 기본 템플릿보다 가독성이 더 좋다는 것이다. 스태프 리뷰란 '직원 후기'

처럼 브랜드사 직원이 제품을 직접 사용한 후 작성한 리뷰를 말한다. 또한, 추가 비용을 조금 더 지불하면 패션 쇼핑몰에서 흔히 볼 수 있는 자신의 사이즈에 맞는 리뷰만 골라 볼 수 있는 옵션도 제공된다. 최근 들어 다양한 리뷰 솔루션이 등장하면서 여러 기능을 제공하지만, 그만큼 비용도 증가한다. 문제는 결제해 놓고도 사용하지 않는 기능이 많다는 점이다. 따라서 필요한 기능만 갖춘 솔루션을 적절한 가격에 선택하는 것이 가장 현명하다.

▲ 쇼핑몰에 적용된 리뷰 솔루션, 출처: 쿠프 홈페이지

수많은 리뷰 솔루션 중에서는 카페24와 연동이 가능한 '알파리뷰'를 추천한다. 알파리뷰는 트래픽에 따라 과금되는 방식으로, 합리적인 비용으로 다양한 기능을 제공한다. 이외에도 영상 리뷰 기능을 지원하는 '브이리뷰'나, 세분화된 기능을 갖춘 '크리마'도 좋은 선택이 될 수 있다. 여러 솔루션을 꼼꼼히 비교 분석한 후, 자신의 쇼핑몰에 가장 적합한 솔루션을 선택하는 것이 중요하다.

▲ 리뷰 솔루션 소개 화면, 출처: 알파리뷰 홈페이지

대표 솔루션	특징
알파리뷰(https://alph.kr)	리뷰 통합 솔루션, 리뷰 연결, 리뷰 작성 유도
브이리뷰(https://vreview.tv)	영상 리뷰 솔루션, 리뷰 분석
크리마(https://www.cre.ma)	리뷰 통합 솔루션, 리뷰 연결, 리뷰 작성 유도, 리뷰 분석

리뷰 크롤링

스마트스토어, 쿠팡, 와디즈 등 다양한 플랫폼에 리뷰가 흩어져 있다면 리뷰 크롤링(Crawling) 솔루션을 추천한다. 크롤링이란 웹사이트에서 필요한 정보를 자동으로 추출하는 기술로, 리뷰 크롤링 솔루션은 여러 플랫폼에 분산된 리뷰를 한곳에 모아주는 역할을 한다. 특히 와디즈를 통해 새로운 브랜드를 출범하려는 경우, 자신의 쇼핑몰에 와디즈의 리뷰를 직접 활용할 수 없는 상황이 발생할 수 있는데, 이때 리뷰 크롤링 솔루션을 사용하면 이러한 문제를 쉽게 해결할 수 있다. 대표적인 리뷰 크롤링 솔루션인 '리글'을 추천하는데, 리글을 사용하면 여러 판매 채널에 분산된 리뷰를 간편하게 한데 모을 수 있다.

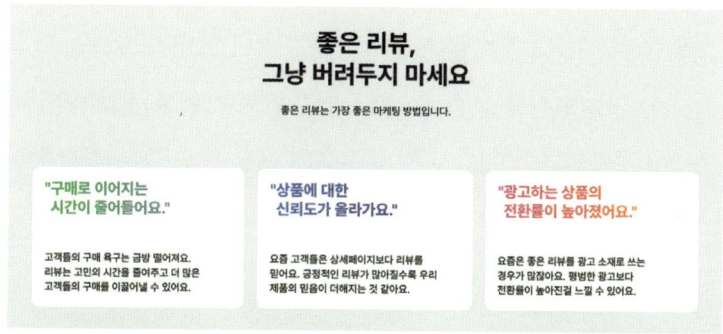
▲ 리뷰 크롤링 소개 화면, 출처: 리글 홈페이지

간편 회원가입

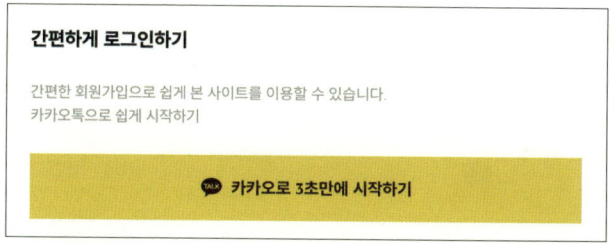
▲ 카카오 간편 로그인

쇼핑몰의 회원가입 과정이 단순할수록 회원가입 전환율이 높아진다. 불과 얼마 전까지만 해도 회원가입을 위해 아이디, 비밀번호, 주소지 등 많은 개인 정보를 입력해야 하는 번거로움이 있었지만, 이제는 간편 로그인을 통해 쉽게 회원가입을 진행할 수 있다. '카카오'에서 제공하는 '카카오싱크'는 카카오 계정으로 간편하게 회원가입을 할 수 있도록 지원한다. 더불어, 자동으로 카카오톡 플러스 친구에 추가되기 때문에 별도의 광고비나 트래픽 발생을 걱정하지 않고도 회원을 모을 수 있다. 사용법이 어렵지는 않지만, 이 과정이 부담된다면 '킵그로우'를 이용해 보는 것도 좋다. 킵그로우는 카카오싱크의 연결을 도와주는 솔루션으로, 비용도 저렴하고 관련 지식이 없는 초보자도 쉽게 설정할 수 있어 매우 유용하다.

▲ 간편 로그인 소개 화면, 출처: 카카오 비즈니스 홈페이지

이외에도 카페24와 같은 호스팅사에서는 네이버 로그인, 구글 로그인 등 간편 회원가입을 쉽게 할 수 있는 기능을 제공한다. 각 영역별로 손쉽게 설정할 수 있도록 가이드가 마련되어 있으니, 여러 경로로 간편 회원가입을 진행하고 싶은 경우 카페24의 가이드를 참고하면 손쉽게 설정할 수 있다.

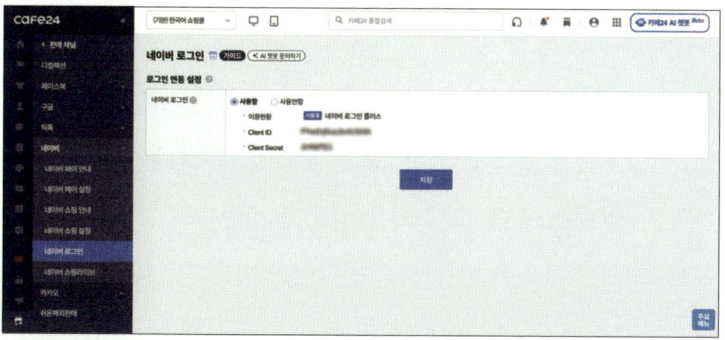

▲ 카페24 네이버 로그인 설정 화면

결제 시스템

쇼핑몰을 만들 때 기본적으로 무통장 입금과 신용카드 결제 시스템을 도입하지만, 휴대폰 결제나 네이버페이 같은 간편 결제 시스템은 빠뜨리는 경우가 많다. 특히 주요 타겟이 50대 이상이라면 ARS 결제를 도입하는 것도 좋은 선택이다. 간편 결제 시스템을 추가하는 방법은 호스팅사에서 확인할 수 있다. 결제 페이지에서 고객이 이탈할 수 있는 변수는 단 하나라도 방치해서는 안 된다.

결제 시스템	특징
무통장 입금	쇼핑몰에서 제공하는 계좌로 직접 결제 금액을 입금하는 방식
신용카드	카드 결제, 할부에 따른 혜택은 카드사마다 상이
ARS	직접 전화를 걸어 주문을 할 수 있는 방식
네이버 페이	네이버 페이에 등록된 신용카드로 간편하게 결제 가능

CRM 솔루션

CRM 솔루션은 고객에 맞춘 마케팅 활동을 계획하고 지원하며 평가할 수 있는 도구다. 고객 획득 비용이 계속해서 증가하는 상황에서 CRM 솔루션은 이제 선택이 아니라 필수다. CRM 솔루션을 사용하면 신규 고객의 구매 전환율, 기존 고객의 재구매율 등 다양한 데이터를 확인할 수 있다. 많은 솔루션 중 어떤 것을 사용하는지도 중요하지만, 그보다 먼저 알아야 할 것은 고객 관계 목표를 명확히 수립하고 이를 실행하는 것이다. 고객 관계 목표와 실행이란 구체적으로 무엇일까? 예를 들어, 목표가 기존 고객이 1년 동안 우리 브랜드에서 결제하는 금액을 증가시키는 것이라면 이 목표를 달성하기 위해, A 제품을 이미 구매한 고객에게 B 제품을 추가로 구매하도록 유도하는 실행 전략을 세울 수 있다. 이 과정에서 A 제품을 구매한 고객에게 어떤 콘텐츠를 제공해야 B 제품을 구매하게 만들 수 있을지 고민이 필요하다.

▲ CRM 프로모션 사례, 출처: 칸토 홈페이지

   섬유유연제를 판매하는 쇼핑몰을 예로 CRM 프로모션을 진행한다면, A 향의 섬유유연제 판매량이 압도적으로 높은 상황에서 A 향을 구매한 고객에게 B라는 다른 향의 제품을 판매하는 것이었다. 이에 따라 '향 레시피'라는 스토리를 기획하고, A 향과 조합했을 때 가장 어울리는 B 향을 추천하는 방식으로 CRM 프로모션을 기획할 수 있다.

   또한, 고객 입장에서 향을 조합한다는 제안이 다소 난해할 수 있으므로, 한정 수량에 할인 혜택을 제공하여 고객이 체감할 수 있는 혜택을 더욱 강화하는 것이 좋다. CRM 프로모션의 가장 큰 장점은 최소한의 광고비로 최대의 매출 성과를 낼 수 있다는 점이다. 새로운 고객을 유치하는 광고가 아니라, 기존에 카카오톡 채널을 추가한 고객에게만 메시지를 발송하는 식으로 프로모션을 운영한다면 더 효율적으로 매출을 창출할 수 있다.

대표적인 CRM 솔루션으로는 '스냅푸쉬', '채널톡', '빅인', '데이터라이즈', '아이샌드' 등이 있다. 이 솔루션들의 공통점은 모두 고객을 세분화할 수 있다는 점이다. 예를 들어 앞서 언급한 CRM 프로모션을 진행할 때, 최근 180일간 A 제품은 구매했지만 B 제품은 구매하지 않은 고객만 타겟으로 설정할 수 있다. 그리고 이렇게 선정된 타겟에게 카카오 채널과 같은 창구를 통해 광고 콘텐츠를 발송할 수 있다.

대표 솔루션	사이트
스냅푸쉬	https://snappush.snapcompany.net/
채널톡	https://channel.io/ko
빅인	https://bigin.io/
데이터라이즈	https://datarize.ai/
아이샌드	https://ivisor.ibot.camp/

광고만 잘해도 매출이 늘어날 것이라는 착각

검색 브랜딩:
구매 동선을 모른다면 밑빠진 독에 광고비 붓기입니다

아무리 잘 만든 광고 콘텐츠여도 고객들이 광고를 본 후 어떻게 움직이는지 알지 못한다면 결코 최종 목표인 구매 전환율을 높일 수 없다. 광고비는 지출하지만 정작 '왜 구매가 발생하지 않지?'라는 의문을 한 번이라도 품어 봤다면 반드시 고객 구매 동선을 이해해야 한다.

오프라인		온라인	
오프라인 매장 방문	37%	더 많은 정보 검색	79%
지인에게 소개	31%	웹사이트나 앱 방문	65%
		구매	46%

▲ 인스타그램 사용 후 고객 행동, 출처: INSTAGRAM DAY SEOUL

인스타그램의 공식 자료에 따르면 인스타그램에서 특정 콘텐츠를 본 사람들은 더 많은 정보를 찾기 위해 다른 플랫폼으로 이동하여 해당 콘텐츠를 검증한다고 한다. 특정 제품의 광고 콘텐츠라면 고객은 광고 콘텐츠를 소비한 후 다음과 같이 검증할 가능성이 높다.

1. 해당 제품의 상세 페이지나 리뷰 검색
2. 광고 콘텐츠를 접한 같은 플랫폼의 다른 콘텐츠 열람
3. 포털 사이트에서 관련 콘텐츠 검색
4. 판매 사이트에서 구매 건수나 후기 확인
5. 대표 SNS 채널에서 팔로워 수나 팔로워의 반응 탐색
6. 인플루언서의 리뷰 영상 확인

사용자마다 선호하는 SNS는 다르지만, 마케터가 노출할 채널과 고객이 검증할 채널은 어느 정도 정해져 있다. 고객이 제품을 구입하기 전 여러 번 검증하는 것처럼, 마케터도 이 과정을 고민

해야 전환율을 개선할 수 있다. 많은 마케터가 유료 광고 매체에만 집중해 마케팅 기법이나 노하우를 찾으려 하지만, 고객 구매 동선을 이해하지 않고 광고를 하면 매출은 쉽게 오르지 않는다.

고객 구매 동선이란 무엇일까

인스타그램에서 우연히 본 예쁜 맛집을 검증하기 위해 태그뿐만 아니라 블로그의 방문 후기까지 확인하고 실제로 방문하는 것과 같이, 고객도 구매라는 최종 목적지에 도달하기 위해 다양하게 검증을 한다. 특히 '믿고 거르는 인스타그램'이라는 여론이 조성된 지금, 고객은 광고에 노출되었다고 바로 구매하지 않는다. 자신이 추종하는 인플루언서가 홍보한 제품이라도 어느 정도 검증의 과정을 밟는다. 만약 광고 집행 이후 광고 콘텐츠와 연관된 키워드의 검색량이 늘어나고 있다면, 이는 효율이 좋은 광고라는 의미이다. 광고에 노출된 고객이 성실하게 검증의 과정을 거치고 있다는 의미이기 때문이다. 광고 콘텐츠에 노출된 고객의 검증 과정, 즉 콘텐츠에 노출된 후 상세 페이지나 리뷰 등을 찾아보는 과정을 고객 '구매 동선'이라고 한다.

다음 이미지는 고객이 특정 제품을 구매하는 과정을 가상의 시나리오로 표현한 것이다. SNS 광고에서 우연히 본 제품의 콘텐츠를 본 고객은 먼저 광고 콘텐츠를 본 페이지의 댓글을 살펴본 후 상세 페이지로 넘어가 제품의 특징과 후기를 살펴본다. 이후 해당 제품이 마음에 들었더라도 이탈하여 검색 포털에서 다양한 검색 결과를 통해 추가 검증 과정을 거친다. 그리고 판매 페이지에서 다시 검증을 마친 다음에야 비로소 제품의 프로모션 배너를 통해 유입된 뒤 최종 구매가 이루어진다. 이러한 과정을 '고객 구매 동선 시나리오'라고 한다.

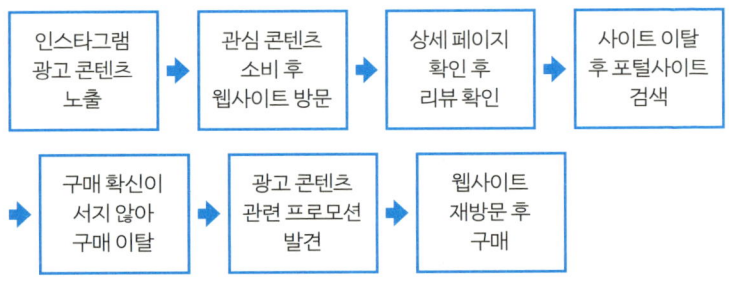

▲ 고객 구매 동선 시나리오

홍보를 위해 패기 있게 시작한 인스타그램과 유튜브의 효율이 낮은 이유는 무엇일까? 기본적으로 고객이 광고에 노출된 다음 어떻게 행동할 것인지 예상하고 고객 구매 동선을 설계하지 않았기 때문이다. 가령, 고객이 인스타그램에서 광고를 본 이후 블로그 체험단이나 상세 페이지의 리뷰 등을 확인하는데 아예 블로그 후기가 없거나 누가 보더라도 작업한 듯한 리뷰만 있다면 그 어떤 홍보도 아무 소용이 없다.

검색 브랜딩이란 무엇인가

검색 브랜딩이란 고객이 특정 제품을 검색할 때 긍정적인 이미지와 신뢰를 형성할 수 있도록 검색 결과를 관리하고 최적화하는 것을 말한다. 한마디로 광고 콘텐츠에 노출된 고객이 검증을 하는 공간을 관리하는 작업이다. 한국에서 검색 브랜딩과 가장 밀접하게 맞닿아 있는 곳은 네이버이다. 즉, 네이버에서 우리 제품이나 브랜드를 검색했을 때 어떤 결과를 얻을 수 있는지를 고민하는 것이 검색 브랜딩의 시작이다.

▲ 검색 브랜딩 적용 사례, 출처: 네이버 검색 결과

네이버에서 특정 제품을 검색했을 때 아예 상관없는 정보가 검색되거나 관련 정보를 찾을 수 없는 경우도 있는데 이것은 제품을 구입하는 고객 입장에서 광고 콘텐츠에서 생긴 호기심이 구매까지 이어지지 않거나 단순한 호기심으로 끝난 경우, 최악의 경우 호기심조차 생기지 않아 네이버에서 관련 정보를 소비하지 않았기 때문이다. 검색 브랜딩은 검색 결과를 만드는 것이 시작이므로 바이럴 마케팅부터 접근하는 것이 기본이다. 그러나 이런 기본 작업조차 부실한 경우가 많다. 예를 들어, 블로그 제목에 제품명이나 브랜드명이 포함되지 않으면 아무리 검색해도 포스팅한 블로그의 글이 직접 노출되지 않는 문제가 생길 수 있다.

네이버를 기준으로 검색 브랜딩 영역을 살펴보면 크게 '파워링크', '쇼핑', 'VIEW', '지식인' 총 네 가지 영역으로 구분할 수 있다. 파워링크의 경우 네이버 검색 광고를 통해 설정할 수 있다. 쇼핑은 자사몰과 스마트스토어 연동을 통해 노출이 가능하다. 나머지 VIEW와 지식인은 실제로 제품을 구매한 고객들 혹은 구매하기 전인 잠재 고객들이 콘텐츠를 생산하는 공간이다. 보통 체험단으로 해당 영역을 채우는 것이 일반적인 관행이다. 이처럼 각각의 영역에 고객들이 소비할 수 있는 정보를 배치하는 것이 검색 브랜딩의 시작이다. 네 가지 영역에서 모두 제품과 관련된 정보를 찾아볼 수 있는 것이 검색 브랜딩이 잘 적용된 사례이다.

당장 네이버에 우리의 브랜드나 제품명을 검색했을 때, 각각의 영역이 위의 예시와 같지 않다면 유튜브, 인스타그램 광고 노출에 집중할 때가 아니다. 먼저 고객이 소비할 정보를 네이버에 배치하는 것을 우선적으로 검토해야 한다. 여기서는 쉬운 설명을 위해 대표적인 네이버를 예시로 들었지만, 이와 같은 접근을 다음, 구글과 같은 검색 포털에도 적용한다면 성공적인 검색 브랜딩 구축이 가능하다.

검색 브랜딩 구축 시 가장 중요한 고객 관점

브랜드, 제품 키워드에 대한 검색 대응이라는 기초적인 준비가 완료되었다면 그 다음 고민해야 하는 것은 추가적인 이탈률을 관리이다. 그럼, 어떻게 하면 이탈률을 관리할 수 있을까? 앞서 언급한 대로 광고 콘텐츠를 소비한 고객들은 포털에서 해당 제품에 관해 검색한다. 만약 이 때 기초적인 정보 이외에도, 고객들이 구매 전에 고민하는 추가적인 정보를 제공할 수 있다면 구매 이탈 가능성을 낮출 수 있다.

예를 들어, 고객이 온라인에서 명품을 구매 전에 고민하게 되는 부분을 생각해 보자. 명품이므로 가장 먼저 정품 여부에 대한 궁금증, 그리고 백화점에서 직접 구매하는 것이 아니기 때문에 구입한 명품에 문제가 생겼을 때 A/S 여부를 궁금해할 것이다. 또한, 해외에서 배송하는 제품일 경우 관부가세가 어떻게 부과되는지를 궁금해할 것이다. 그리고 검색으로 노출되는 콘텐츠에서 이러한 궁금증이 해소되지 않는다면 고객은 확신을 가지고 구매 여정의 끝까지 나아가지 못할 것이다. 다음의 명품 부티크 플랫폼의 경우 검색 결과 중 가장 먼저 노출되는 브랜드 검색 광고에서 고객이 가질 만한 궁금증을 해소해 주고 있다. 이러한 설계가 네이버의 모든 영역에 걸쳐 마련되어 있다면 고객을 최종 구매 여정까지 안전하게 안내할 수 있다.

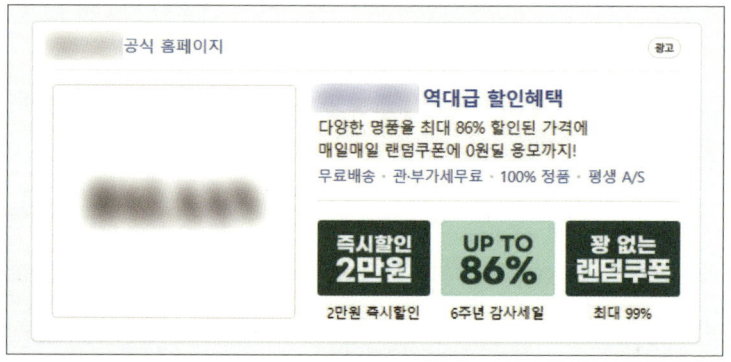

▲ 명품 쇼핑몰의 네이버 검색 결과

창과 방패의 싸움과 같이 검색 포털 업계 관계자도 이미 사용자가 광고에 점령된 블로그에 지쳤다는 것을 알고 있다. 하지만 아직도 검색 포털의 사용자는 블로그의 글이 업체에서 제작한 광고인 것을 알면서도 소비하고 있다. 그리고 이런 여론을 고려해서 많은 업체가 조금이라도 고객의 신뢰를 얻을 수 있는 키워드를 사용한 콘텐츠를 생산하고 있다.

▲ 네이버 '2주 후기' 키워드 검색 결과

　고객의 신뢰를 얻을 수 있는 키워드가 포함된 광고 콘텐츠 중 단기적인 제품 효과를 강조하는 광고를 보고 제품을 구입했지만 원하는 효과를 보지 못한 고객이 많은 것을 고려하여, 이들의 신뢰도를 높일 수 있는 '2주 후기'와 같은 키워드를 활용하는 것이 그 예시다. 이렇게 고객 관점을 고려한 콘텐츠 실험을 끊임없이 시도해야 한다. 고객 입장에서는 제품을 한 번 사용하고 나서 효과가 있다는 이야기를 이제 더이상 믿지 않는다. '2주', '4주', '8주'와 같은 키워드를 사용해서 고객이 진짜 신뢰할 수 있는 후기를 제공해야 결국 믿는다. 결국 고객 관점에서 신뢰하지 못하는 바이럴 마케팅은 헛돈만 지출할 뿐, 아무런 성과를 얻지 못하고 스크롤 밖으로 밀려날 수밖에 없다.

검색 브랜딩을 가장 기본적인 마케팅 수단이라며 쉽게 생각할 수 있지만 고민도 없이 외주 업체에 맡기게 되면, 비용을 지불하고도 원하는 검색 브랜딩 효과를 얻지 못할 가능성이 크다. 검색 브랜딩의 개념과 고객 관점에서 무엇이 중요한지를 제대로 이해하고, 매체에 콘텐츠를 노출 전에 이를 잘 수용할 수 있는 환경을 조심해야 한다. 그리고 이렇게 해야 광고를 시작하기 위한 기초 환경이 제대로 갖춰진다.

블로그 체험단을 현명하게 활용하는 방법

단, 10만 원이라도 알고 쓰세요

바이럴 마케팅은 입소문 마케팅이다. 특정 제품을 소비하고 난 뒤, 지인에게 이 제품이 괜찮다고 입소문을 내는 것도 바이럴 마케팅이라고 할 수 있다. 결국 본질은 판매자가 광고를 하는 것이 아니라, 판매자의 제품을 가치 있다고 느낀 고객이 자발적으로 입소문을 내는 행위이다. 국내 광고 시장에서 보통 바이럴 마케팅이라고 하면 네이버 검색 영역에 있는 블로그, 카페, 지식인 등의 '작업' 행위로 통용된다. 작업이라는 표현을 사용하는 이유는 이제는 판매자뿐만 아니라 고객도 체험단의 글이 홍보 콘텐츠라는 것을 분명히 알고 있기 때문이다. 이렇게 체험단 마케팅에 대한 인식이 좋지 않음에도 불구하고 관련 사업이 사라지지 않는 이유는 체험단 마케팅부터 시작해야 한다는 여론이 잘 형성되어 있기 때문이다. 그래서일까, 실제 매출 규모에 상관없이 블로그 체험단과 같은 바이럴 마케팅 비용은 공통적으로 지출하는데 유튜브 광고를 하지 않는 곳은 있어도, 블로그 체험단을 하지 않는 곳은 없을 정도이며 실제로 체험단 마케팅 시장에 형성된 비용도 크게 부담스럽지 않다.

블로그 체험단과 바이럴 마케팅을 비판하려는 것이 아니다. 말하고 싶은 것은 세상에 이렇게 좋은 제품이 있을까 싶을 정도로 뛰어난 마케팅 수단이라는 것이다. 전문 마케팅 대행사에 마케팅을 맡겨도 구체적인 결과도 없이 몇 백, 몇 천만 원의 광고비가 사라지는 경우도 허다하지만 체험단 마케팅은 분명한 족적을 남긴다. 체험단이 홍보

글을 잘 작성하기만 하면 우리가 원하는 키워드를 효율적으로 노출시킬 수 있으므로 자산 영역이라고도 볼 수 있는 것이다.

네이버와 같은 포털 사이트가 사라지지 않는 한 바이럴 마케팅이 없어질 가능성은 희박하다. 고객들은 피로감을 느끼면서도 체험단의 후기를 확인한다. 모두가 실제 후기가 아닌 광고라는 걸 알지만 결국 검색을 하고 체험단의 글을 보는 것이다. 마치 맛집 벽에 붙어 있는 방송 출연 사진을 보며 '의례적인 것이겠지'라고 생각하는 것과 같다. 그래서 지금은 '어떻게'가 더욱 중요하다. 어떻게를 끊임없이 고민하는 사람들은 퍼포먼스 마케팅으로는 얻을 수 없는 효율을 바이럴 마케팅에서 만들어 내고 있다. <u>이제는 '남들이 하니까'라는 안일한 생각보다는 단 10만 원이라도 어떻게 써야 효과적일지 고민해야 할 때다.</u> 그렇다면 블로그 체험단을 어떻게 하면 현명하게 활용할 수 있을까? 블로그 체험단을 진행할 때 우리가 가져야 할 마음가짐은 '저렴하다고 대충하지 말자'이다. 이것을 실행하려면 두 가지가 필요한데, 첫 번째는 '명확한 의도'를 담은 가이드를 제시하는 것이고 두 번째는 '키워드'를 선점하는 것이다.

명확한 의도란 고객에게 어떤 블로그를 보게 할지를 미리 설계하는 것이다. 체험단 마케팅 실행사에 제품의 상세 페이지만 전달하고 체험단 블로거가 알아서 작성하게 하는 것이 아니라, 우리 제품이 어떤 배경으로 기획되었고 또 고객에게 강조하려는 장점이 무엇인지 일목요연하게 정리하여 실행사에 전달해야 한다.

예를 들어 마스크 팩의 체험단을 진행할 경우 명확한 의도가 없는 가이드를 전달하면 후기를 작성하는 블로거는 '사용이 간편하다', '촉

촉하다', '보습에 도움이 된다'라는 일반적인 후기를 생산할 것이다. 하지만 아이를 돌보느라 피부 관리할 시간이 없는 고객을 위해 얼굴에 붙인 채 움직여도 떨어지지 않도록 기획한 제품이라면 '다른 마스크 팩보다 접착력이 우수한 제품'이라는 명확한 의도가 담긴 가이드를 전달해야 한다. 이렇게 해야 경쟁 제품과 비교했을 때 블로그 후기에서 차별성을 가질 수 있다.

어떤 키워드를 선점할지 고민하는 것은 키워드를 제목에 담아 발행하는 것이다. 블로그 체험단을 진행할 때 어떤 키워드를 선점하는 것이 좋은지 고민이라면 메인 키워드와 서브 키워드를 구분해 보자. 메인 키워드는 제품의 강점을 담을 수 있는 키워드이고, 서브 키워드는 제품명이나 브랜드명을 의미한다.

내가 좋으면 남도 좋아할 것이라는 착각

고객 관리:
장사천재 백종원 대표가 온라인 쇼핑몰 사이트를 운영한다면?

    TV에서 백종원 대표가 음식의 국물 양을 지적하는 장면을 보고 깊은 인상을 받았다. 이 영상은 백대표가 요리사에게 국물의 정량을 지키지 않는 것을 지적하며 국물을 많이 제공할 경우 손님은 음식을 맛있게 먹었더라도 남아 있는 국물을 보며 '그래, 국물 맛이 좀 아쉬웠어'라고 생각하게 된다는 내용이었다. 처음부터 국물을 후하게 제공하지 말고 손님이 추가를 요청했을 때 제공하는 것이 인심이고 고객 관리의 시작이라며 영상은 끝난다.
    백종원 대표는 진정한 접객이란 세심하게 고객 관점에서 만족을 고민하는 것이라고 말한다. 결국 만족은 판매자가 아니라 고객이 결정하는 것이므로 온라인 접객 장소인 쇼핑몰 안에서 어떻게 고객 입장에서의 진정한 접객을 할 수 있는지 몇 가지 관점을 정리해 보았다.

고객은 첫 번째를 싫어한다

▲ 리뷰가 없는 온라인 쇼핑몰

유튜브 광고를 보고 호기심에 들어가 본 어느 쇼핑몰, 그런데 리뷰가 하나도 없다면 아무리 광고와 상세 페이지가 매력적이어도 고객은 구매를 망설인다. 첫 번째로 구매하는 리스크를 지기 싫어하기 때문이다. 오프라인 매장에서는 사람들이 수군거리는 소리, 옆 테이블에 남겨진 음식 등 구매 실패를 피할 수 있는 단서들이 많지만, 온라인에서는 그렇지 않다. 블로그 체험단, 카페 바이럴, 리뷰 체험단, 스태프 리뷰 등 모든 것이 결국 생생한 후기를 확보하기 위해 시작되었다.

고객들이 사이트에 체류해야 할 명분이 있는가

▲ 코디를 제안하는 패션 쇼핑몰, 출처: www.mayver-u.com

패션 제품의 상세 페이지는 고객에게 다양한 볼거리를 제공하거나 멋진 모델들을 섭외하여 그 제품을 착용한 자신의 모습을 상상하게 만든다. 어떤 패션 쇼핑몰은 특정 제품을 착용한 인플루언서의 브이로그를 배치하여, 고객이 제품에 몰입하도록 돕는다. 고객이 판매하는 제품을 착용하고 데이트를 하거나, 영화관에 가거나, 맛집에 가는 장면을 상상할 수 있게 돕는 것이다.

고가의 가구 브랜드는 가구를 만드는 장인들의 인터뷰와 그들의 철학, 역사를 사이트에 배치하여 고객의 이해를 돕는다. 생활용품 브랜드는 제품 출시 과정에서 고객을 위해 진행한 설문과 연구 개발 과정을 블로그처럼 제시한다.

코로나 펜데믹 이후 온라인의 중요성이 높아지면서 한정된 광고 매체에 많은 기업들이 광고비를 쏟아 붓는다. 여유 자금이 많다면 광고 전쟁에 참여할 수 있지만, 그렇지 않다면 고객이 사이트에 머무는 이유를 만들어야 한다. 단순히 볼거리가 많은 것뿐만 아니라, 브랜드에 대한 신뢰를 쌓고 구매 이후의 자신을 상상할 수 있는 콘텐츠가 필요하다. 그래야 체류 시간이 매출로 이어질 수 있다.

멤버십은 고객들의 우월감을 활용한 제도다

제품을 잘 만드는 업체를 살펴보면 제품의 품질 자체가 우수한 경우도 많지만 대중적인 가격대에 고객 입장에서 꽤 만족스러운 구매라고 느낄 수 있는 제품을 기획하고 개발하는 업체도 많다. 고객들은 언제나 대우받고 싶어 한다. 잘 생각해 보면 세상에서 대우받는 느낌을 싫어할 사람이 얼마나 있을까? 바로 이 우월감에 대해 잘 이해하는 곳들이 멤버십을 통한 접객도 잘 이행하고 있다.

Grade 등급	Starter 우먼 웰니스 스타터	Plus 우먼 웰니스 플러스	Premium 우먼 웰니스 프리미엄	VVIP 우먼 웰니스 VVIP
Criteria 조건	신규회원	3개월 30만원 이상	3개월 50만원 이상	3개월 70만원 이상
Point 적립	1%	1%	2%	3%
	2만원 이상 구매 시 1,000	2만원 이상 구매 시 1,500	2만원 이상 구매 시 2,500	2만원 이상 구매 시 3,500
	5만원 이상 구매 시 2,500	5만원 이상 구매 시 5,000	5만원 이상 구매 시 6,500	5만원 이상 구매 시 9,000

▲ 멤버쉽 혜택 예시, 출처: www.mayver-u.com

별것 아니지만 카드사에 전화했을 때 'VVIP CLUB입니다'라는 안내 멘트와 함께 대기 없이 바로 상담이 이어질 때 무의식적으로 왠지 모를 우월감을 느낀다. 동네 단골 식당에서 창가 자리를 마련해 주거나 달걀 프라이를 서비스로 받을 때와 같이 특별한 대접을 받는다면 괜스레 우쭐해진다. 비행기 비즈니스석에서 받는 우대, 비싼 음식점에서 받는 우대, 이 모든 사소하지만 특별한 대접은 온라인에서도 똑같이 작동한다.

고객의 결제 금액이 많을수록 더 높은 등급을 부여하여 더 매력적인 사은품을 제공하거나 VIP에게만 제공하는 별도 정책 등은 단순히 다른 쇼핑몰이 운영하고 있어서 따라 하는 것이 아니다.

고객을 우대하며 우월감을 느끼게 해야 비로소 마음을 사로잡을 수 있다. 광고비 과부하 시대에 결국 가장 중요한 것은 어떻게 고객을 남게 할 것인지에 대해 공을 들이고 시간을 쓰는 것이다.

광고로 뒤통수 맞지 않으려면?

온라인 매출 공식:
전환율 × 객단가 × 유입

이커머스 고문으로 고객사의 자사몰 운영을 도우며 그간의 경험을 토대로 확신이 드는 업체에는 당장 매출 구조를 바로잡을 수 있는 공격적인 제안을 한다. 대게 상세 페이지에 어떤 부분을 개선해야 한 명이라도 더 구매한다든지, 제품 옵션을 어떻게 바꿔야 한 사람이 두세 개 묶음 제품을 살지, 어떤 광고 매체에 노출시켜야 더 제품이 잘 팔릴지에 대한 제안이다. 매출 잠재력이 있는 업체의 매출 데이터를 살펴보면 질 좋은 찰흙을 만지는 것처럼 만지자마자 어떤 도자기를 만들 수 있을 지 영감이 떠오른다. 하지만 이런 영감이 떠오르지 않는 업체는 이커머스 기초 체력 부족이라는 단어로 정리된다.

매출 공식

> 매출=유입량×전환율×객단가

매출 상승 공식은 '유입량', '전환율', '객단가', 이 세 가지 변수로 간단하게 정의할 수 있다. 간단하고 당연한 공식이지만, 이 공식과 변수를 이해하는 데는 꽤 오랜 시간이 걸렸다. 매출을 올리기 위해 보통 매출액이라는 결괏값에만 치중하기 쉬운데, 이런 경우 막상 매출이 오르더라도 정작 매출이 왜 오르는지에 알지 못하는 문제가 생긴다. 이런 고민 없이 시기와 운이 잘 맞아서 잠시 매출이 상승할 수 있지만 유입량, 전환율, 객단가에 대해 이해하지 못하면 앞으로도 매출 상승을 운에 맡길 수밖에 없다.

매출: 100,000원	1,000명(유입) × 1%(전환율) × 10,000(객단가)
매출: 100,000원	500명(유입) × 2%(전환율) × 10,000(객단가)
매출: 100,000원	1,000명(유입) × 0.5%(전환율) × 20,000(객단가)

유입량, 전환율, 객단가를 쉽게 이해할 수 있도록 예시를 살펴보자. 매출은 세 가지 경우 모두 10만 원으로 동일하다. 하지만 첫 번째와 두 번째 경우를 비교해 보면, 첫 번째 경우가 두 번째 경우보다 유입량이 2배 더 많다. 상식적으로 유입량, 즉 고객들이 사이트에 더 많이 들어오면 매출이 높아질 것 같지만, 결과적으로 첫 번째와 두 번째 매출은 같다. 이는 두 번째 경우의 전환율(2%)이 첫 번째 경우의 전환율(1%)보다 2배 더 높기 때문이다. 유입량, 전환율, 객단가에 대한 자세한 이야기는 계속 다룰 예정이다. 여기서는 매출을 올리는 데 세 가지 변수를 통제해야 하고 이중 특정 변수를 공략하면 다른 변수의 수치가 작아도 어느 정도 매출을 상승시킬 수 있는 것만 이해하면 된다.

구분	유입량	전환율	객단가
STEP 1	충동 구매 목적 구매	제품 컨셉 도출 제품 효과에 대한 논리 구성	제품 구성 및 제품 라인업 다각화
STEP 2	매체에서 팔리는 콘텐츠 추출	사이트 전환율 개선, 이커머스 사이트 최적화	구매 명분 2개 이상 구매 이유 설정
STEP 3	매체별 캠페인/예산 최적화	검색 브랜딩 검색 영역 최적화	네이밍 컨셉 구매 명분 구체화

▲ 유입량, 전환율, 객단가를 높이기 위해 진행해야 하는 업무

전환율

제품 컨셉	제품 효과, 고객 가치, 가격
사이트 최적화	사이트 컨셉, 상세 페이지, 프로모션, 내부 CRM 마케팅
검색 브랜딩	블로그, 지식인, 카페, 뉴스, 인스타그램, 유튜브, 틱톡

▲ 전환율의 세 가지 구성 요소

별다른 고민 없이 '전환율'이라는 단어 앞에 '구매'라는 단어만 붙여 이해하고 있다면 스스로 통제할 수 있는 전환율의 범위 좁히는 것이다. 최종 구매라는 목적지에 도달하기 전까지 고객이 거치는 모든 여정에 전환율이라는 단어를 붙여야 비로소 전환율을 제대로 통제할 수 있게 된다.

사이트만 하더라도 전환율을 '메인 페이지 전환율', '카테고리 페이지 전환율', '상세 페이지 전환율', '장바구니 전환율', '결제 페이지 전환율' 등으로 구체적으로 세분하고, 세분된 전환율의 비율을 높이기 위한 'To Do List'를 작성할 수 있는데 이 To Do List를 '내부적 환경'이라고 한다. 여기서 To Do List란 상세 페이지에서 이탈률을 줄이려면 어떻게 해야 하는지, 고객이 결제 페이지에서 이탈하지 않고 최종 결제를 하려면 어떤 요소를 보완해야 하는지를 뜻한다.

추가적으로, 상세 페이지나 제품의 가격도 모두 전환율의 요소라고 할 수 있다. 결국 전환율을 높이려면 모든 내부적 환경에 대한 업무를 점검해야 한다. 보통의 사업자들이 제품 상세 페이지에만 공을 들이는데, 이것만으로는 전환율이 오르지 않는다. 고객들이 사이트에 유입되거나 제품에 관심이 생겨 제품명을 검색하는 등의 행위를 했을 때 신뢰를 줄 수 있는 모든 영역을 신경 써야 한다.

내부적 환경을 개선했다면 그 다음 점검해야 하는 환경은 '외부적 환경'이다. 외부적 환경은 검색 브랜딩, 광고 콘텐츠, 광고 매체 크게 세 가지로 나뉜다. 검색 브랜딩은 네이버에 우리 브랜드명이나 제품명을 검색했을 때 고객이 소비할 정보가 잘 배치되어 있는가를 의미한다. 광고 콘텐츠는 우리 제품이 팔릴 만한 예리한 메시지와 이미지가 담겨 있는가를 말하며, 광고 매체는 해당 제품을 구입할 만한 고객들이 모여 있는 광고 매체를 잘 선정하여 노출했는가를 의미한다.

결국 극적인 전환율을 만들려면 내부적 환경과 외부적 환경 모두를 신경 써야 한다. 종종 매출이 안 나오는 이유를 광고 효율이 좋지 않기 때문이라고 생각하는 업체가 있는데 이는 외부적 환경에만 신경을 쓰고 있는 것이다. 내부적 환경이 아무리 잘 조성되었더라도 제품 홍보를 위한 광고 콘텐츠의 타겟을 넓게 설정했다면 잠시 사이트로 유입될 수는 있지만 결국 사지 않는다.

객단가

객단가는 한 명의 고객이 유입되었을 때 지불하는 결제액을 의미한다. 종종 객단가와 판매가를 혼동하는데, 판매가는 말 그대로 제품이 판매되는 가격이다. 예를 들어, 판매하는 제품이 3만 원이고 실제로 고객이 평균 두 개 정도를 구매한다면 객단가는 6만 원이 된다. 여기서 중요한 점은 객단가를 어떻게 상향시킬지 고민하는 것이다.

객단가 상향 전략을 세울 때 가장 중요한 것은 고객이 두 개 이상 구매해야 하는 이유를 직관적으로 제공하는 것이다. 그래서 보통 쇼핑몰에서는 구매 수량이 늘어날 때마다 할인율을 높게 제공한다. 이런 전략은 간단하지만 매우 효과적인 방법이다. 또한, 판매하는 제품의 카테고리에 맞게 고객이 제품을 여러 개 구매했을 때 얻을 수 있는 혜택을 명확히 구분하여 제시해야 한다.

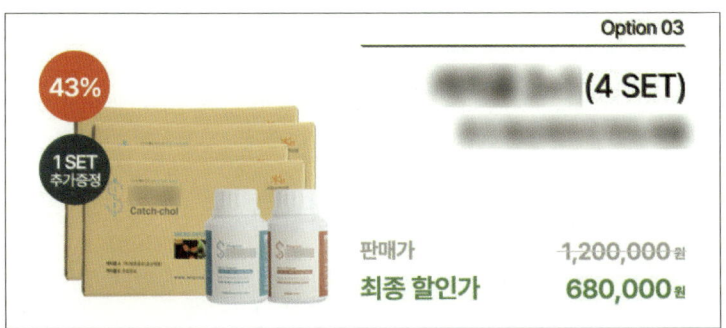

▲ 객단가 전략 적용 사례, 출처: www.jmlab.kr

기본적으로 구매 수량이 많아질수록 할인율을 제공하고, 여기서 더 나아가 고객이 느낄 수 있는 혜택까지 직관적으로 기재해주어야 한다. 고객들은 단순히 할인이라는 이유만으로 구매 결정을 하지 않는다. 내가 얻는 혜택이 명확해야 그때부터 움직이기 시작한다. 이런 관점에서 고민이 시작되어야 진정으로 객단가를 올릴 수 있다. 어떤 상황에서 해당 제품이 필요한지, 누가 사용하는 것이 좋은지, 선물했을 때 좋은 반응을 얻었는지를 등을 설명해 준다면, 고객이 한 개 이상을 구매할 수밖에 없는 이유를 마련할 수 있다.

구매 주기와 재구매율도 객단가와 함께 고민해야 할 사항이다. 구매 주기가 90일인 제품을 개발하고 객단가가 높지 않아 고민하고 있다면 CLTV이라는 개념을 이해해야 한다. 구매 주기가 짧은 경우라면 반드시 고가 전략을 고민하거나 구매 주기가 긴 제품과 함께 판매할 수 있는 제품을 준비해야 한다.

CLTV를 어떻게 통제할 수 있느냐는 결국 객단가를 어떻게 높일 것인가라는 문제와 연결된다. 대부분의 쇼핑몰에서 '#개 구매 시 할인!'이라고 홍보하지만, 이런 홍보 문구가 객단가 상승과는 크게 맞닿지 않는다. 객단가를 높이려면 어떤 홍보 콘텐츠와 어떤 상황에서 객단가가 상승했는지 실험을 해야 한다. 실제로 한 개 이상의 제품을 구매하는 고객이 어떤 상황인지 등의 데이터를 축적해야 무엇이 객단가를 올리는 데 유효한지 확인할 수 있으므로,

성급한 일반화의 오류를 범하지 않을 수 있다.

유입률

유입률을 높이려면 다음의 두 가지를 고민해야 한다.

1. 구매할 확률이 높은 고객 확보
2. 어떤 콘텐츠로 유입시킬 것인가

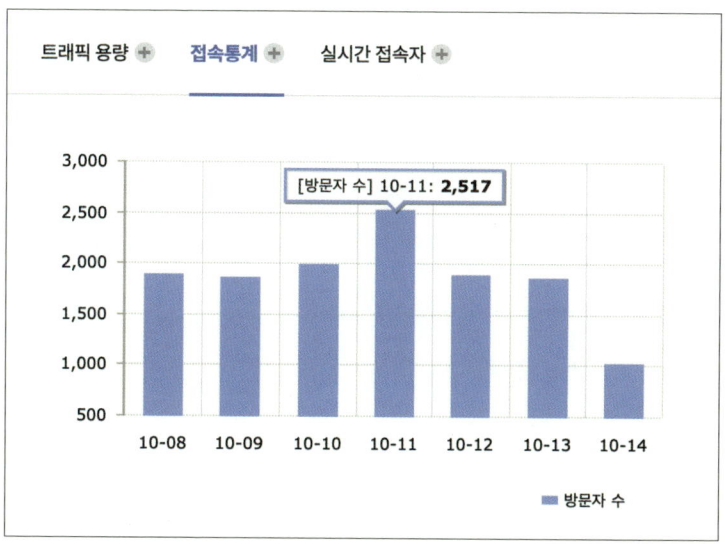

▲ 카페24 접속통계 화면

유입률이 높다고 해서 매출이 높아지는 것은 아니다. 유입률은 광고에 노출된 100명 중 몇 명이나 사이트로 유입됐느냐의 개념이다. 그런데 중요한 것은, 사이트에 100명이 유입되더라도 브랜드에 관심이 없거나 구매에 관심이 없는 고객이라면 큰 의미가 없다. 이런 맥락에서 유입률은 높고 1명을 유입시키는 데 드는 광고 비용이 낮은 것이 좋다고 주장하는 업체가 있다면 거래하지 않는 것이 좋다. 유입률이 높다고 매출도 높아지는 것은 결코 아니다. 가장 중요한 것은 유입되는 고객의 구매를 할 확률이 높냐는 것이다.

그렇다면 구매할 확률이 높은 고객을 어떻게 유입시킬 수 있을까? 여기서 중요한 개념이 바로 '목적 구매'와 '충동 구매' 개념이다. 목적 구매는 말 그대로 특정 목적을 가지고 구매하는 행위이다. 예를 들어, 주방 세제가 떨어진 경우 당장 필요하므로 세제를 구매하는 행위는 목적 구매이다. 이와 반대로, 광고를 보고 원래는 구매 계획이 없었지만 광고를 본 뒤 제품을 구매한다면 충동 구매이다. 내가 판매하는 제품이 목적 구매와 충동 구매 중 어디에 해당하는지 분명히 파악해야 우리가 원하는 구매 확률이 높은 고객을 데리고 올 수 있다.

> **TIP** 목적 구매와 충동 구매에 대한 자세한 내용은 264쪽을 참고하세요.

광고 효율이 좋으니
이제 곧 팔릴 것이라는 착각

100명이 방문해서 고작 1명만 구매했다면 망할 징조다

　매출을 구성하는 변수인 전환율, 객단가, 유입 세 가지에 대해 전반적으로 알아보았다면 지금부터는 각각의 매출 상승 변수들을 좀 더 자세하게 알아보자. 우리가 가장 처음 알아야 할 개념은 바로 전환율이다.

전환=구매 전환이 아니다

전환율을 구매 전환율이라고 생각해서는 안 된다. 만약 이렇게 생각하고 있다면 '구매 전환율을 어떻게 높일 수 있을까?'라는 질문

에 대한 해답을 얻을 수 없다. 아직도 '전환율=구매 전환율'이라고 생각한다면 전환율을 세분해 보자.

전환율에는 구매 전환율만 있는 것이 아니다. '메인 페이지', '상세 페이지', '장바구니', '결제 페이지'와 같이 전환율 앞에 '구매' 대신 다른 단어를 붙이면 각 경로의 To Do List를 조금이나마 수월하게 정리할 수 있으며 이렇게 To Do List를 정리하면 '메인 페이지에서 상세 페이지로의 전환율을 어떻게 올릴까?', '상세 페이지에서 장바구니로의 전환율을 어떻게 개선할까?'라는 질문과 함께 즉각적인 행동을 이끌어낼 수 있다.

전환 페이지를 나열하면 전환율을 높일 수 있다

전환의 종류는 다양하다. 예를 들어, 상세 페이지에서 장바구니로, 장바구니에서 결제 페이지로 이어지는 각 단계마다 전환율을 높이기 위해서는 각 페이지의 전환 상황을 명확히 이해해야 한다. 모든 경로의 전환을 파악해야만 최종 목표인 구매 전환율을 높일 수 있다. 또한, 각 단계의 전환율을 개선하기 위해서는 상세 페이지, 장바구니, 결제 페이지에서 이탈하는 고객을 붙잡아야 한다

상세 페이지의 이탈률을 낮춘다는 것은 상세 페이지에서 장바구니로의 전환율을 높이는 것을 의미한다. 상세 페이지 이탈률을

낮추기 위해 가장 먼저 확인해야 할 사항은 고객이 구매 전에 고민할 만한 정보가 충분히 제공되고 있는지이다. 예를 들어, 화장품의 상세 페이지라면 '어떻게 피부가 좋아지는지', '자극이 없는지', '제형은 어떤지'와 같이 고객이 구매 전에 궁금해할 만한 세부적인 정보가 잘 정리되어 있어야 한다. 그렇지 않으면 결국 고객은 이탈하게 된다. 따라서 잠재 고객이 제품에 대해 궁금해할 만한 모든 정보를 면밀히 고민하고, 이를 상세 페이지에 잘 배치해야 한다.

장바구니에 제품을 담았지만 구매하지 않는 고객은 상세 페이지에서는 설득되었으나 즉시 구매 결정을 내리지 못하는 이유가 있는 것이다. 예를 들어, 가격이 부담되어 살지 말지를 고민할 수도 있고, 경쟁사의 제품과 비교하며 어떤 것이 더 나은지 고민하고 있을 수도 있다. 이처럼 고객이 장바구니에 담았음에도 불구하고 구매를 망설이는 이유를 나열하고, 각 상황에 맞는 대응책을 마련해야 한다. 만약 가격이 문제라면, 단기간 사용할 수 있는 무료 배송, 할인 쿠폰 등의 프로모션을 제공하여 결제 페이지로의 전환율을 높일 수 있다.

최종 단계인 결제 페이지의 이탈률을 낮추기 위해서는 고객이 선호하는 다양한 결제 수단을 제공해야 한다. 다양한 결제 수단을 갖추는 것만으로도 결제 페이지의 전환율을 높일 수 있다.

당장 팔려고 하지 않는 태도가 전환율을 개선시킨다

예전 홍대 길거리에서 장사할 때, 단순하게 '이게 잘 나가고...', '이게 인기 많고...'라고 말을 걸자마자 사람들이 바로 떠나갔던 것을 수차례 경험했다. 그 이후 '편하게 구경해 보세요' 혹은 30초 이상 머무른 사람들에게 '마음에 드는 거 있으면 얘기해 주세요'라고 말로 바꾸자 머무르는 시간이 길어졌고, 구매하는 사람들도 많아졌던 기억이 난다. 이때 고객에게 당장 팔려는 태도가 독이 된다는 것을 깨달았다.

이커머스 환경에서도 이는 마찬가지이다. 남성 속옷을 예로 들어보자. 우리 제품을 처음 접한 고객에게 '이 속옷은 재질이 좋고 이미 많은 사람들이 구매했으니 믿고 구매하세요'가 아니라 '통풍 안 되는 속옷 때문에 불편함을 겪어보지 않았나요?'와 같이 고객이 충분히 겪었으리라 예상할 수 있는 질문을 던져야 한다. 처음 보는 브랜드면 아무리 좋다고 말해도 고객들은 바로 구매하지 않는다. 그들의 호기심을 자극하고 일상 생활에서 겪은 불편함을 먼저 질문하는 과정을 거쳐야 구매 확률이 오히려 더 높아진다. 당장 팔아 치우려고 하는 것을 고객들은 다 알고 있다.

그래서, 우리는 온라인 환경에서 고객이 결국 구매하기 전까지 어떤 생각을 하는지에 대해 계속 가설을 세워봐야 한다. 고객에게

'제품이 좋으니 사세요'가 아니라 고객 입장에서 공감될 만한 상황들을 계속 연구해 보고 상세 페이지에 적절한 문구와 이미지를 배치하며 실제로 전환율이 어떻게 달라지는지 체크해봐야 한다.

모객과 접객은 동시에 고려해야 한다

'모객'은 고객을 모으는 것이고 '접객'은 고객을 접대하는 것이다. 고객을 모았더라도 접대가 소홀하거나, 접대는 훌륭하지만 정작 접대할 고객이 없다면 무슨 소용일까? 그러므로 전환율을 개선하려면 모객과 접객은 동시에 고려해야 한다. 광고 콘텐츠의 노출 대비 클릭률, 유입당 비용, 유입 후 체류 시간이 모두 높아도 상세 페이지의 설득력이 부족하다면 구매 전환율이 낮을 수밖에 없다.

▲ 제품 종류가 많은 쇼핑몰의 상세 페이지, 출처: 칸토 홈페이지

예를 들어, 향기가 좋고 지속력이 높은 좋은 섬유유연제의 광고 콘텐츠를 보고 쇼핑몰에 유입되었는데 섬유유연제의 향이 10종 넘는 경우, 접객 능력이 뛰어난 쇼핑몰은 각 향을 구체적으로 인지할 수 있게 쉬운 용어로 설명한다. 그러나 접객에 대한 관점이 부족한 사이트에서는 단순히 향의 이름만 제시하거나 고객이 이해하기 어려운 용어로 향을 설명한다. 이 과정에서 향을 고르기 어렵거나 성가신 고객은 다음 페이지로 전환할 가능성이 낮아진다. 오프라인 매장이라면 직접 냄새를 맡을 수 있겠지만, 온라인 사이트에서는 불가능하므로 이런 세세한 사항을 쇼핑몰이나 상세 페이지 곳곳에 배치해야 한다.

모객과 접객의 최종 목적은 구매가 아니라 한 명의 충성 고객을 얻는 것이다. 한 건의 구매를 만드는 것은 비교적 쉽지만, 같은 고객이 두 번, 세 번 구매할 수 있는 명분을 만드는 것은 결코 쉬운 일이 아니다. 하지만 어렵게 얻은 한 명의 충성 고객은 장기적인 성과에 큰 도움이 된다.

모객에서 가장 중요한 것은 충성 고객이 될 만한 사람들을 모으는 것이고, 접객에서 가장 중요한 것은 충성 고객을 어떻게 만들 것인지 고민하는 것이다. 이를 위해 과장되거나 허위 효과를 파는 것이 아니라, 제품이 해결해줄 수 있는 상황을 중심으로 홍보해야 한다. 그들의 문제를 해결할 수 있는 정보를 제공하면, 한 번의 구매를 넘어 장기적인 관계를 형성할 수 있다. 고객은 특정 제품을 구매한다고 해서 드라마틱한 결과를 기대하지 않는다. 제품의 가치를 고객 관점에서 신뢰할 수 있게 전달할수록 충성 고객이 생길 가능성이 높아진다.

한 번의 구매를 이끌어내는 것은 상대적으로 쉽지만, 같은 고객이 두 번, 세 번 구매하게 만드는 일은 어렵다. 그러나 어려운 만큼 장기적인 성과는 매우 크다. 이를 위해서는 단순히 좋은 제품을 만드는 것만으로는 충분하지 않다. 회원 데이터베이스를 확보할 수 있는 공식몰 구매의 혜택, 재구매 고객에게 제공할 수 있는 추가적인 혜택, 만족한 고객들에게 구매를 상기시키는 푸시 마케팅 등 적극적인 자세로 접객에 임해야 한다. 고객들이 제품을 좋아하는 것은 기본 전제이다.

모객과 접객의 조화가 잘 이루어지면 충성 고객을 얻을 수 있다. 모객에서는 품질 높은 고객을 유입시키고, 접객에서는 그들을 만족시켜 재구매를 유도한다. 이렇게 하면 장기적인 성공을 이끌어낼 수 있다.

할인율이 높으면 팔릴 것이라는 착각

1만 원의 제품을 구매한 고객에게 100만 원의 제품도 판매할 수 있다

전환율에 이어 소개할 개념은 바로 객단가다. 실제 현업에서는 객단가의 개념을 이해하는 것만으로도 광고비 추가 지출 없이 매출이 2~3배 오르는 사례가 많다. 이제 구체적으로 어떻게 객단가 관점을 장착해야 하는지에 대해 알아보자.

고객 경험을 고려한 라인업

객단가라는 변수를 관리하려면 가장 기본적으로 고민해야 할 것이 제품의 라인업이다. 기존에 없던 카테고리를 만들거나 지금까

지 시장에 없었던 제품을 개발하지 않는 한, 단일 제품만으로 객단가를 관리하면 결국 한계에 부딪히게 된다. 그러므로 브랜드 컨셉을 논의하는 과정에서 반드시 제품의 라인업과 이에 대한 전략을 마련해야 한다.

제품 라인업은 일관된 고객 경험에서 시작한다. 쉬운 예로, 자동차 용품을 출시한 이후 갑자기 휴대폰 케이스로 확장하는 것보다 자동차 휴대폰 거치대로 확장하는 것이 기존의 고객 경험을 고려한 제품 확장이라고 볼 수 있다. 특히 쇼핑몰 운영 초반이라면 이렇게 날카롭게 고객을 모으는 것이 더욱 중요하다. 그래야 새로운 제품을 출시할 때 기존 고객층을 활용한 마케팅도 순조롭게 진행할 수 있다.

또한, 이렇게 일관된 고객 경험으로 제품의 구색을 마련하면 콘텐츠를 만들어 고객을 유입시키는 퍼포먼스 마케팅을 수행할 때도 콘텐츠 자체에서 객단가를 높이는 작업을 병행할 수 있다. 단순히 구취 치약이 아닌 구취 치약, 구취 스프레이, 칫솔 등의 구색이 확장되어 있다면, 끼워 맞추는 식의 객단가 작업 및 제품 구성 기획이 아니라 쇼핑몰 안에서 자연스럽게 연관된 제품을 추천해주는 전략적인 접근도 도모할 수 있다.

고객을 움직이는 상황 마케팅

더 이상 고객은 상세 페이지의 '두 개 사면 할인'이라는 문구를 보고 쉽사리 구매를 하지 않는다. 예전에는 이런 메시지에 현혹되어 과소비를 했지만, 이제는 우선 한 개를 구입한 후 만족한 다음에야 추가 구매를 결정할 만큼 현명하게 소비한다. 이제는 고객에게 해당 제품을 통해 어떠한 구체적인 이득을 얻을 수 있는지를 제시해야 한다. 그리고 이 과정에서 여러 개를 구매해야 하는 명분을 제시하면 객단가를 더 높일 수 있다. 이렇게 고객이 결제하는 금액을 더 높일 수 있는 가장 좋은 방법이 바로 상황 마케팅이다.

상황 마케팅이란, 예를 들어 화장실 청소솔을 단순히 개수별 가격대를 구분해 나열하고 많이 구입할 경우 할인율을 제시하는 대신 '욕조용+세면대용', '변기용+바닥용'과 같이 용도별로 구분된 개수와 금액을 제시하는 식으로 명분을 만들어 주는 것이다. 여기에 용도별로 구분하여 사용했더니 위생적이고 간편하다는 리뷰까지 보인다면 한 개만 구입하려던 고객이 한 개 이상을 구입할 가능성이 높아질 것이다.

제품이 아닌 솔루션

객단가를 성공적으로 관리하고 있는 곳을 살펴보면, 이미 제품 기획 과정에서 전략적인 제품 구성에 대한 고민을 모두 마치고 제품을 출시한다는 것을 알 수 있다. 이런 업체는 기획 단계부터 전략을 세웠으므로 준비한 전략을 각색하여 객단가를 높일 수 있는 콘텐츠를 자연스럽게 완성해 낸다.

예를 들어, 여드름을 관리해 주는 크림의 광고와 여드름 관리 솔루션의 광고가 있다면 고객들은 '제품'이 아닌 '솔루션'을 파는 곳을 더 신뢰한다. '귀에 걸면 귀걸이, 코에 걸면 코걸이'라는 속담처럼 결국 같은 카테고리 안에서 제품을 판매하지만, '여드름 3단계 솔루션!'이라는 명분 아래 '토너', '앰플', '크림'을 판매하는 곳이 더 전문적이고 신뢰할 수 있다고 생각하므로 객단가까지 확보할 수 있다. 단일 제품을 판매하는 것이 아니라 솔루션의 관점에서 제품을 고민해야 신뢰도와 객단가 두 마리의 토끼를 모두 잡을 수 있다.

목표 객단가 수립

목표 객단가라는 말에는 정말 많은 의미가 숨어 있다. 기본적으로 객단가가 관리되지 않는 이유는 목표 객단가를 설정하지 않았기 때문이다. 이는 핵심 성과 지표(KPI)가 없는 직원이 어디로 흘러

가는지 본인도 모르는 채 업무를 하는 것과 같다. 목표 객단가가 없으면 객단가를 관리해야겠다는 인식조차 할 수 없다.

    단순히 한 개의 제품을 파는 것이 아니라 두 개, 세 개의 제품 혹은 더 많은 구성을 선택하여 집중할지 고민해야 한다. 이를 위해 단순히 제품 구성만을 고민하는 것이 아니라, 무료 배송과 사은품을 어느 결제액 기준으로 제공할 것인지까지 전방위적으로 고려해야 우리가 목표하는 객단가 설정 과제를 달성할 수 있다. 이렇게 객단가 설정 방안을 고민하다 보면 자연스럽게 To Do List가 작성된다.

유입률이 높으면 마냥 좋은 것이라는 착각

구매 전환율이 높은 고객을 유입시키는 방법

 객단가에 이어 알아야 할 개념은 유입률이다. 인간 관계에서 수백 명과 친분을 쌓는 것보다 나를 진정으로 이해하고 사랑해 주는 한두 명이 더 중요한 것처럼, 유입도 우리 제품에 관심 없는 수백 명보다 우리 제품을 사랑하고 제품을 구매할 확률, 즉 '구매 전환율'이 높은 열 명의 고객이 매출에 더 많은 도움이 된다. 과연 구매 전환율이 높은 유입은 어디서부터 시작될까?

고객 정의: 우리 고객은 누구인가

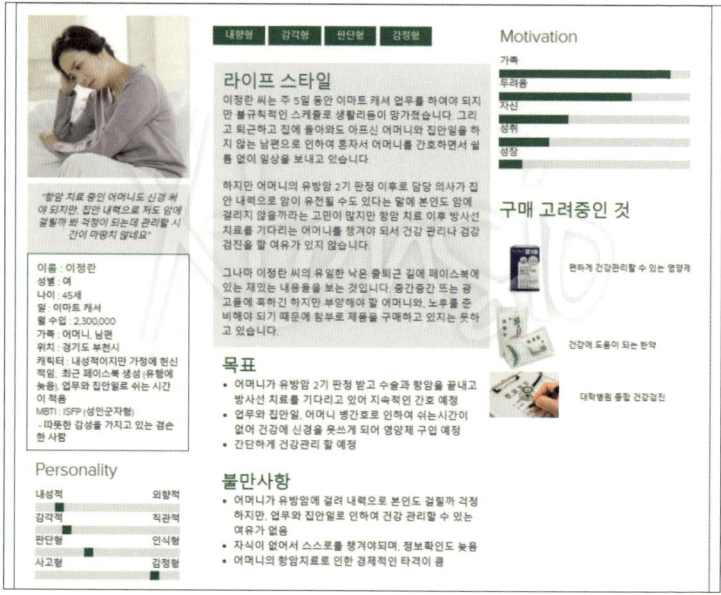

▲ 고객 페르소나 예시, 출처: 중앙미생물연구소 홈페이지

매출이 발생하는 높은 품질의 고객을 유입시키려면, 먼저 어떤 고객을 유입시키고 싶은지를 명확하게 정의해야 한다. 고객 페르소나는 우리가 유입시키고자 하는 높은 품질의 고객을 구체적으로 설정하는 것으로 '나의 고객은 누구인가?'라는 질문에 대한 해답을 구체적으로 정리하는 것이다. 고객 페르소나는 고객이 몇 살인지, 결혼은 했는지, 결혼을 했다면 자녀는 있는지, 취미는 무엇인지, 경제적으로 여유가 있는지 등을 구체적으로 정리하는 것이다. 고객 페르소나가 생소하다면 다음을 참고하여 간단하게 항목

화할 수 있다.

- 인구 통계학적 관점(연령, 나이대, 결혼여부, 은퇴여부 등)
- 관심사(골프, 낚시, 승마, 캠핑 등)

고객 페르소나로 고객을 이해하려면 고객을 세밀하게 분석해야 한다. 우리 고객이 월요일부터 일요일까지 어떤 사람들과 어울리고, 점심과 저녁을 어떤 장소에서 즐기며, 주말에는 어디에서 무엇을 하는지 일목요연하게 정리할 수 있어야 한다.

매체 선정: 고객이 모여 있는 곳은 어디일까

포털 검색광고	오픈마켓 검색광고	노출광고
네이버 파워 링크	쿠팡 키워드 광고	인스타그램
네이버 쇼핑 광고 설정	11번가 키워드 광고	네이버 GFA
카카오 프리미엄 링크	이베이 키워드 광고	카카오 모먼트
카카오 쇼핑하우		GDN 콘텐츠 광고
구글 검색 광고		네이버 쇼핑박스
구글 스폰서 광고		네이버 트렌트픽
		카카오 쇼핑박스
		네이트 쇼핑박스

▲ 다양한 광고 매체

심도 있는 고객 페르소나 설정을 완료했다면, 이제는 해당 고객이 모이는 곳을 찾아야 한다. 많은 사람들이 단순히 주변에서 인스타그램 광고를 많이 한다는 이유만으로 인스타그램을 선택하는 경우가 많다. 하지만 이렇게 깊이 고민하지 않고 매체를 선택하면, 아무리 많은 고객이 모여 있어도 매출로 이어지지 않는다. 따라서 우리 제품에 적합한 매체를 신중하게 찾아야 한다.

    회사에서 웨딩 브랜드를 런칭하면서 신부가 모여 있는 매체에 대한 다양한 논의가 있었다. 인스타그램, 틱톡, 유튜브 등이 언급되었지만, 결국 웨딩 관련 고객이 가장 활발하게 활동하는 곳은 네이버 웨딩 카페라는 것을 알게 되었다.

    또 다른 예로 마케팅을 진행했던 열 개의 보정 속옷 중 아홉 개는 특정 매체에서 실패했지만, 단 한 개의 남자 보정 속옷만이 30~50대에서 활발한 구매 전환이 일어났다. 또 다섯 개의 남자 화장품 중 단 한 개의 제품만이 인스타그램에서 300% 이상의 광고 대비 매출을 확보했다. 이렇게 점쟁이처럼 특정 매체를 선정하는 것은 매우 어렵다. 다만, 매체를 선정하고 확장할 때 목적지를 염두에 두고 떠나는 것과 정처 없이 떠도는 것은 천지차이다. 결국 매체란 사람이 모여 있는 곳이고, 그 매체에는 어떤 사람들이 모여 있는지, 우리 브랜드 혹은 제품과 연관된 사람들이 있는지 끊임없이 가설을 세우고 실험을 반복해야 제품에 딱 맞아 떨어지는 매체를 찾아낼 수 있다.

콘텐츠: 구매 확률이 높은 고객을 어떻게 데려올 것인가

광고매체	상세보기	방문수	방문비율	구매건수	구매율	매출액	방문당매출	구매당매출
	Q 상세보기	63,730	32.06%	633	0.99%	24,375,000	382	38,507
	Q 상세보기	30,552	15.37%	391	1.28%	14,724,100	482	37,658
	Q 상세보기	22,032	11.08%	254	1.15%	10,820,200	491	42,599
	Q 상세보기	11,801	5.94%	146	1.24%	5,632,200	477	38,577
	Q 상세보기	7,058	3.55%	166	2.35%	6,532,600	926	39,353
	Q 상세보기	5,562	2.80%	53	0.95%	1,995,000	359	37,642
	Q 상세보기	5,177	2.60%	95	1.84%	3,614,600	698	38,048
	Q 상세보기	3,833	1.93%	51	1.33%	1,989,200	519	39,004

▲ 광고로 직접 전환이 일어난 데이터

사이트 트래픽이 높다는 것은 유입되는 고객 수가 많아졌다는 것을 의미한다. 그러나 이렇게 유입된 고객이 모두 구매 확률이 높은 고객이라고 판단할 수 있을까? 이것을 판단할 수 있는 가장 간단한 방법이 있다. 특정 매체에서 진행한 광고의 CPC가 낮은지 높은지가 중요한지가 아니라 실제로 해당 광고를 통해 바로 구매가 일어났는가를 확인하는 것이다. 광고를 보고 바로 구매하는 것을 '직접 전환'이라고 말하는데 이렇게 즉각적인 구매가 나지 않는다면 해당 고객은 구매 확률이 낮은 고객이다. 그 원인은 90% 이상 콘텐츠의 품질이 낮기 때문이다.

> **TIP** 직접 전환에 대한 자세한 내용은 254쪽을 참고하세요.

품질이 낮은 콘텐츠란 구매가 발생하지 않은 콘텐츠다. 여자 보정 속옷 제품을 예시로 품질이 낮은 콘텐츠에 대해 알아보자. 뱃살을 가릴 수 있는 보정 속옷이었으므로 콘텐츠 역시 뱃살을 숨길 수 있다는 내용의 콘텐츠를 생산했다. 그런데, 많은 고객이 뱃살을 숨길 수 있다는 콘텐츠을 클릭했지만 결국 구매로 이어지지는 않았다. 왜 그랬을까?

첫 번째 이유는 '어떻게 보정해 주는가'에 대한 내용이 누락되었기 때문이다. '똥배가 사라졌어요!'라는 말은 평소에 뱃살로 고민이 있는 고객이라면 누구나 혹할 만한 문구다. 그래서 실제로 이런 콘텐츠의 클릭률은 매우 높다. 클릭률이 높다는 것은 다른 콘텐츠와 노출되는 양은 같으나 클릭한 고객이 더 많다는 의미다. 그런데 이런 콘텐츠는 대부분 구매 전환까지 이어지지 않는다. 그 이유는 '어떻게 똥배가 사라지는 건데?'라는 <u>고객의 물음에 답을 하지 않기 때문이다.</u>

두 번째 이유는 <u>남들과 똑같은 판매 방식을 선택했기 때문이다.</u> 해당 광고 콘텐츠를 분석하면서 뱃살을 보정해 준다고 주장하는 제품을 쭉 살펴보았는데 비슷한 제품이 너무나도 많았고 심지어 비슷해 보이는데 더 저렴한 제품까지 찾을 수 있었다. 많은 고객이 광고를 클릭하지만 결국 구매하지 않았던 이유는 너무 단순했다. 비슷한 제품이 많고 심지어 더 저렴했으니 우리 제품을 선택하지 않은 것은 고객 입장에서 매우 당연한 결과였다.

그래서 구매 전환을 위해 다음의 두 가지 작업을 진행했다. 첫째, 이 제품이 어떻게 뱃살을 가려주는지에 대한 근거를 상세 페이지에 보완했다. 예를 들어, '긴 와이어가 있어 살을 말리거나 내려가지도 않고 딱 고정한다'와 같이 우리 제품이 어떻게 뱃살을 잡아주는지 구체적으로 설명했다. 둘째, 이미 비슷한 제품이 많았으므로 콘텐츠의 컨셉을 운동용 보정 속옷으로 변경했다. 비슷한 제품과 치열하게 같은 키워드로 싸우는 것보다 새로운 컨셉의 키워드를 추가하여 다른 시장으로 확장한 것이다.

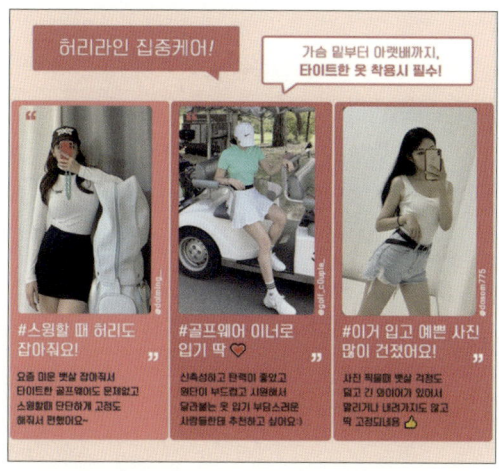

▲ 해당 제품의 상세 페이지

이렇게 광고 콘텐츠를 정비한 결과, 5천만 원 미만이었던 월 매출이 3개월 만에 1억 6만 원으로 상승했다. 이전과 같은 콘텐츠로는 이런 매출을 만들 수 없었다. 만약 지금 품질이 낮은 콘텐츠로 매출이 발생하지 않는다면, 여기서 설명한 두 가지를 점검해 보자. 콘텐츠에 제품의 효과에 대한 근거를 제시하고 경쟁사 대비 차별점을 콘텐츠에 녹일 수 있다면, 단숨에 눈에 띄는 성과를 얻을 수 있다.

매출 환상에 현혹되지 마세요

언제 뒷통수 칠 지 모르는 이커머스 비용

이커머스 대항해시대가 열렸다. 유튜브에서는 해외 구매대행, 쿠팡, 위탁 등 무자본으로 일확천금을 벌 수 있다는 콘텐츠들이 판을 친 지 꽤 됐고 개인 사업을 통해 건물을 샀다는 둥 포르쉐를 탄다는 둥의 자극적인 멘트조차 진부하게 느껴질 정도로 수많은 장사꾼들이 등장하고 있다. 나 역시 그 대열에 속한 장사꾼 중 하나이므로 그 누구도 비하할 의도는 없다. 다만, 겉만 번지르한 감언이설에 속아 쉽고 안정적으로 돈을 벌 수 있다는 환상에 빠질 누군가를 위해 언제 뒷통수를칠지 모르는 비용을 정리했다.

1. 인건비: 이익을 계산하는 방법은 대부분 알고 있다. 그런데 이커머스를 운영할 때 직원의 인건비를 산정하지 않는 경우가 꽤나 많다. 그리고 사실 인건비 안에 4대 보험 등 부가적인 비용도 포함시켜야 한다. 만약 직원이 없는 아웃소싱 구조라면 아웃소싱 비용을 인건비로 포함해야 한다. 더 나아가 본인의 인건비까지 고려해야 한다. 얼마 동안은 스스로를 혹사할 수는 있겠지만, 하루에 10시간 넘게 일하는 생활을 몇 년 동안 지속할 수 없다. 시쳇말로 '나를 갈아 넣는다'라고 하지만 순이익 작고 하찮은 수준이라면 자신의 인건비도 점검해봐야 한다.

2. 생산비: 지난 달 매출이 3천만 원이었고 이중 원가가 9백만 원, 판매 수량은 1,000개다. 여기에서 판매가는 1만 원, 원가는 3천 원이

라고 가정해 보자. 매출만 보면 꽤 괜찮게 이익을 남겼다고 생각할 수 있지만, 매출이 발생한 만큼 재고는 소진된 상황이므로 추가 발주를 해야 한다는 걸 명심해야 한다. 통상적인 주문 수량에 맞게 제품을 5,000개 생산한다고 하면 1,500만 원의 금액이 필요하다. 아직 다 설명하지 못한 이커머스 뒷통수 비용까지 생각한다면 발생한 이익이 더 하찮고 귀엽게 느껴질 것이다. 이런 뒷통수 비용을 생각하지 않는다면 결국 파산이라는 파국을 맞이하게 될 것이다.

3. 세금과 수수료: 법인세는 2억 원 이하를 기준으로 대략 10%, 200억 원까지는 대략 20% 정도다. 월 매출 3천만 원, 연 매출 3.6억 원의 경우, 연 순이익이 대략 10%라면 여기서 20%는 세금으로 사라질 것이다. 같은 매출일 때 개인사업자라면 세율은 40%에 육박한다. 당신의 이익 시뮬레이션에 과연 세금이 포함되어 있을까? 결코 아니라고 본다. 꼼꼼한 성격 덕분에 세금까지 생각했어도 절세 방법까지 마련한 경우는 극히 드물 것이다. 절세 방법까지 마련했다고? 좁고 좁은 문을 통과한 당신에게 박수를 보낸다. 이 세 가지 사항에 대비하지 않았다면 '나라가 나한테 해준 게 뭔데!'라며 분통 터트릴 순간이 머지않았다.

판매처 수수료, 휴대폰 결제의 수수료는 대략 3-4%이다. 쇼핑몰을 운영하는 데도 불구하고 카드 결제, 간편 결제, 계좌이체, 가상계좌(무통장입금), 상품권 결제, 휴대폰 결제 등 다양한 결제 방식을 사용할 수 있게 연결해 주는 결제대행사 수수료를 비용에 포함하지 않는 경우도 많으므로 사용하는 결제대행사의 수수료를 미리 파악해야 한다. 당장 눈에 보이는 매출이 1억 원이지만, 실상 수수료를 제외하면 여기서 1~2천만 원 정도는 판매 수수료로 증발해 버린다.

4. 사은품(쿠폰): 원가율은 30%니까 3천만 원의 매출이 발생하면 900만 원 정도가 원가라고 생각할 수 있지만, 실제로 이커머스를 운영하다 보면 사은품과 쿠폰 때문에 원가율이 대략 5~10% 더 상승하는 경우도 많다. 할인율은 눈에 보이기 때문에 예민하게 계산하지만, 사은품과 쿠폰은 그렇지 않다. 이런 것까지 하나하나 신경을 써야 하냐고 묻는다면, 그렇다. 이렇게까지 해야 겨우 돈을 벌 수 있다.

이외에도 광고비, 임대료 등 다양한 비용이 매출 뒤에 숨어 뒷통수를 칠 순간만 기다리고 있다. 이 모든 비용을 언제 정리해야 할까? 날을 잡아 각 항목과 수식을 정리해 두면 꽤 오랜 기간 비용 관련 업무에 드는 시간을 아낄 수 있을 것이다. 온라인 쇼핑몰을 하기로 마음먹었다면 반드시 해야 한다. 안 하면 망한다는 다짐과 함께 어떻게 해서든 정리해 두자.

2

이커머스는 고객 집착에서 시작한다!

알 수 없는
고객의 진짜 속마음

맛도 서비스도 형편없는 식당에서 식사를 마치고 계산할 때, '식사는 맛있게 하셨나요?'라는 사장님의 물음에 솔직하게 '맛이요? 형편없던데요?'라고 답할 수 있는 사람이 몇이나 될까요? 속은 부글부글 끓어오르지만, 그런 속내도 모르고 계속 맛없는 음식을 파는 사장님은 결국 고객의 마음을 헤아리지 못한 채 식당 문을 닫을 수밖에 없습니다. 대부분의 고객들은 부정적인 피드백을 직접 전달하기 어려워합니다. 특히 오프라인처럼 고객들의 표정조차 볼 수 없는 온라인 쇼핑몰 사업은 더욱 그렇습니다. 그래서 고객의 마음을 꾸준히 관찰하고 연구해야 합니다. 이를 위해서는 집착이 필요합니다. 단순한 관찰이 아니라 하루 종일 그 생각만 하는 집착이 있어야 비로소 보이지 않는 고객의 마음을 조금이나마 엿볼 수 있습니다. 이번 장에서는 '구매'라는 행위를 하는 '고객'이 어떤 '마음'을 가지고 있는지 알아보도록 하겠습니다.

고객 집착의 중요성

같은 재료라도 오마카세가 더 맛있게 느껴지는 이유

오마카세 식당에서의 경험은 단순히 초밥의 맛을 넘어 요리사의 세심한 배려에 의해 만족감이 크게 좌우된다. 나는 지인들과 함께 초밥을 먹으러 갈 때, 다른 사람들이 초밥의 맛을 음미하는 동안 종종 요리사가 손님을 어떻게 접대하는지를 관찰하곤 한다. 어떤 날에는 기대한 만큼 만족스럽지 않을 때도 있지만, 때로는 기대 이상으로 만족할 때도 있다. 돌아오는 길에 만족의 원인을 생각해 보면, 요리사가 예상치 못한 세심한 배려를 해주었을 때가 많다.

일본의 어느 초밥 장인이 운영하는 식당에는 단 열 개의 테이블만 있다고 한다. 이렇게 적은 테이블 수를 고집하는 이유는 모든 손님을 세심하게 배려하기 위한 것이다. 이 장인은 손님이 왼손잡이인지 오른손잡이인지, 식사 속도는 어떤지를 유심히 관찰하며, 초밥을 만들 때 밥의 양뿐만 아니라 밥을 쥐는 방향까지도 고민한다. 이러한 세심한 배려 덕분에 손님들은 만족을 느끼게 된다.

▲ 테이블이 열 개만 있는 일본 초밥 장인의 식당

또한, 이 장인이 운영하는 식당의 신입 직원은 처음 3개월 동안 손님이 사용하는 물수건을 짜는 연습만 한다. 장인이 보기에 물수건의 온기와 수분감이 적절하지 않으면 혼이 나기도 한다. 손님이 이러한 숨은 배려를 알게 된다면 분명히 크게 감동할 것이다. 나도 이 장인의 배려에 대한 글을 보고 '고객 집착'이라는 몽둥이로 뒷통수를 맞은 것 같은 충격을 받았다. 이 가게가 미슐랭 가이드 최고 점수인 3점을 받은 것은 이러한 세심한 고객 집착의 결과 중 하나일 것이다.

이 장인의 정성이 국경을 넘어서까지 전해질 수 있었던 것은 매일 고객이 원하는 것이 무엇인지에 대한 질문에 끊임없이 답을 찾아가는 집착 덕분이라고 생각한다. 적절한 온도의 물수건부터 시작해 손님 한 명 한 명에게 맞춤형 세심한 배려를 제공하는 것까지, 고객에게 집착하지 않았다면 절대 나올 수 없는 행위들이다.

일식 장인에게 배우는 섬세함

한국의 치킨 매장이 전세계 맥도널드 매장보다 많다는 것은 이미 널리 알려진 사실이다. 그렇다면 이커머스는 어떨까? 정확한 통계는 없지만 한국의 치킨 매장에 버금가는 숫자일 것이다. 이런 상황에서 더 중요하게 생각해야 할 것이 바로 접객이다. 이커머스 사업자가 일식 장인에게 세심함을 배워야 하는 이유도 여기에 있다. 고객은 같은 제품이더라도 더 나은 서비스로 접객하는 곳에서 구매한다. 그리고 얼굴을 마주할 수 없는 온라인에서 더 나은 서비스로 고객을 접객하려면 최소한 다음의 두 가지를 선행해야 한다.

첫 번째는 '신속성'이다. 제 아무리 맛집이더라도 물을 달라는 간단에 요청에 10분 넘게 응대하지 않는다면 다시 방문하고 싶은 마음이 사라질 것이다. 백 번 양보해서 직원이 보이는 맛집이라면 바빠서 그런다고 이해라도 해줄 수 있지만 직원에 두 눈에 보이지 않는 온라인에서는 고객의 인내심과 배려는 쉽게 매마를 수밖에 없다. 온라인 구매 경험이 많은 고객이라면 신속한 대응이 얼마나 높은 만족감을 선사하는지 쉽게 이해할 수 있다. 빠르게 대응하는 곳이니 여기에서 구매해야겠다는 마음까지는 아니지만 신속하게 대응한 것만으로도 경쟁사보다 우위에 설 수 있는 가능성을 확보할 수 있다.

가능하다면 쇼핑몰과 운영하는 채널을 주기적으로 체크할 수 있는 시스템을 구축하자. 거창하게 생각할 것도 없이 고객의 질문에 바로 답변할 수 있는 직원을 배치하거나 답변하는 시간를 지정하는 것만으로도 충분한 효과를 얻을 수 있다. 답변이 빠를수록 구매 가능성이 높아진다는 것을 명심하자.

두 번째는 '적정성'이다. 조금 더 쉽게 풀이하자면 '고객을 무리하게 확보하지 않는 것'으로, 앞서 소개한 장인의 초밥집에 테이블이 열 개인 것을 생각하면 쉽게 이해할 수 있다. 매출을 늘리려면 당연히 더 많은 고객을 확보해야 하지만, 무리한 고객 유치는 결국 독이 될 수 있다. 당장 감당할 수 있는 고객 수가 파악되지 않았다면, 고객이 늘어날수록 어렵게 확보한 고객의 만족도가 낮아질 가능성이 높다. 적정성은 신속성과 연결되는 부분이기도 하다. 다양한 활동으로 많은 고객을 확보했지만, 신속하게 응대할 수 없다면 문제의 본질을 놓치게 된다. 대부분의 사업자들은 이 사실을 망각한다. 고객들이 많이 오고 구매하면 매출이 늘어나고, 매출이 늘어나면 좋은 일만 벌어질 것이라고 생각한다. 그렇지만 폭발적으로 매출이 오르는 곳들은 고객의 수가 무리하게 늘어날수록 고객이 느끼는 만족도가 떨어진다는 것을 알고 있다. 그렇기 때문에 속도를 조절할 줄 알아야 한다.

이와 같은 준비가 되어 있지 않다면, 구매한 고객들은 한 번 구매한 뒤에 제품에 실망하는 것이 아니라 이 브랜드의 대처에 실망하게 된다. 이렇게 예상치 못하게 매출이 폭발적으로 늘어났을 때 이를 현명하게 대처하는 브랜드는 '예약 구매 시스템'을 마련한다. 예약 구매 시스템이란, 품절이 발생했을 때 고객들이 실망하지 않고 구매를 계속할 수 있도록 재입고 기간을 명시하고, 재입고 날짜 전에 구매하는 고객에게는 사은품을 증정하거나 할인을 제공하는 서비스를 준비해 놓는 것을 말한다. 철저하게 준비한 뒤 고객의 수를 늘려야 매출이 상승해도 고객이 떠나지 않는 쾌적한 환경을 조성할 수 있다.

고객 결핍을 발굴하는 방법

악플에 결핍의 힌트가 있다

    지금까지 세상에 없었던 제품이 출시되자마자 많은 인기를 얻는 이유는 고객들이 자신도 몰랐던 결핍을 해소할 수 있었기 때문이다. 나는 이런 결핍을 '고객 결핍'이라고 정의한다. 사람이라면 누구나 결핍이 있다. 어린 시절 부유하지 않은 환경에서 자라며 원하는 음식을 마음껏 먹지 못했다면, 성장한 후에는 먹는 것만큼은 돈을 아끼지 않는 경우가 이에 해당한다. 이러한 고객 결핍을 광고할 제품에 대입하면, 고객 스스로도 인지하지 못했던 결핍을 구매 동기로 전환할 수 있다.

외제차를 구매한 친구와의 술자리에서 있었던 일이다. 이런저런 이야기를 나누던 중, 최근 구입한 외제차가 생각나서 그 이유를 물어보았다. 친구는 모임 자리에 갈 때 자신만 국산차를 타고 다니는 것이 부끄러워 무리해서 외제차를 구매했다고 답했다. 과연 외제차를 구입한 이유가 주변의 시선 때문이었을까?

술잔을 주고받으며 이야기가 깊어지자 친구의 고객 결핍을 확인할 수 있었다. 친구는 대학을 졸업하고 막 취업에 성공했을 무렵 소개팅을 하게 되었는데, 상대방과 대화도 잘 통해 만남을 지속했지만 결국 헤어졌다고 한다. 친구는 상대가 마음에 들어 속상해했고, 차가 없었던 것 외에는 자신을 떠날 이유가 없었다고 생각하며 자격지심에 시달렸다. 그리고 한참이 지난 후, 이제야 외제차를 구입했던 것이다. 처음 외제차를 구입한 이유를 물었을 때는 친구 스스로도 자신의 결핍을 인지하지 못했지만, 이야기하다 보니 결국 자기도 몰랐던 과거의 자격지심과 결핍이 수면 위로 올라왔다.

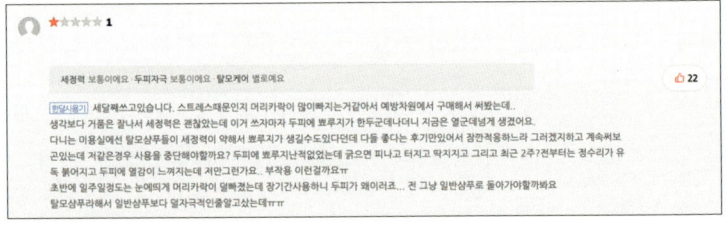
▲ 스마트스토어의 악플 사례

이커머스에서는 이런 고객 결핍을 어떻게 발견할 수 있을까? 아쉽게도 꽁꽁 숨겨진 고객 결핍을 쉽게 파악하기는 어렵다. 고객 스스로도 인지하지 못하는 결핍이므로, 어떤 제품을 충동적으로 구매했더라도 판매자가 그 이유를 알 수는 없다. 나는 이런 고객 결핍을 발굴하고 싶을 때 1, 2점을 준 댓글, 흔히 말하는 '악플'을 살펴본다. 제품이 마음에 들지 않았다고 모두 악플을 남기지는 않는다. 악플까지 남기는 정성을 보였다면 그 안에서 결핍에 대한 힌트를 얻을 수 있다. 물론 좋지 않은 감정이 담긴 후기를 살펴보는 것이 쉬운 일은 아니지만, 제품을 구매했을 때 무엇을 기대했고 또 무엇에 실망했는지를 추적할 수 있다. 그리고 악플 속 문제점을 개선하면 고객 결핍을 해소할 수 있다.

고객을 쇼핑몰에 감금하는 방법

고객 체류시간을 높이는 방법

잘 만들어진 쇼핑몰은 고객이 머무는 시간으로 그 성과를 확인할 수 있다. 고객의 쇼핑몰 체류 시간을 높이는 방법에는 여러 가지가 있다. 자금력이 충분하다면 많은 제품을 등록하여 고객이 대형마트를 구경하듯 쇼핑몰을 둘러보도록 유도할 수 있지만, 그렇지 않다면 콘텐츠에 대해 고민해 볼 필요가 있다. 콘텐츠로 체류 시간을 늘리고 우리 브랜드를 알리려면 단순히 다른 쇼핑몰을 모방해서는 안 된다. 쇼핑몰 체류 시간을 늘리는 이유는 호기심을 가지고 쇼핑몰에 유입된 예비 고객이 제품을 구매하기 전에 제품과 브랜드를 자연스럽게 검토할 수 있도록 하기 위한 목적도 있다.

그래서 쇼핑몰에는 반드시 고객의 체류 시간을 늘릴 수 있는 콘텐츠가 준비되어 있어야 하지만 많은 쇼핑몰이 이러한 콘텐츠까지 고민하지 않는다. 대부분 콘텐츠는 광고를 할 때만 신경 쓰면 된다고 생각하기 때문이다. 하지만 쇼핑몰은 단순한 판매 공간을 넘어, 우리가 가진 중요한 광고 지면이라고 생각해야 한다. 특히 제품이나 브랜드가 잘 알려지지 않았거나 이제 막 브랜드를 출시한 경우라면, 더더욱 쇼핑몰 내 콘텐츠에 대한 고민이 필요하다. 고객들은 우리가 어떤 브랜드인지, 왜 이런 제품을 런칭했는지 전혀 모르기 때문이다.

우리 브랜드가 도대체 왜 존재해야 하는가

대부분의 쇼핑몰에는 '브랜드'라는 카테고리가 있다. 그런데 정작 브랜드 카테고리를 만드는 이유는 간단하다. 남들이 하기 때문. 생각 없이 다른 쇼핑몰에 있으니까 우리 쇼핑몰에도 브랜드 카테고리를 만드는 것이 아니라면 우리 브랜드는 어떤 고민에서 시작되었는지 알려주는 것이 좋다. 특히 대기업이 아닌 이상 더욱 자세하게 설명해야 한다. 그렇다면 여기서 문제는 진지한 고민 없이 브랜드가 시작된 경우이다. 돈을 벌려고 사업을 시작하는 것은 너무 당연하다. 사회적 기업이 아닌 이상 부끄러워할 필요도 없다.

> **예비 신부를 위한
> 근본적인 아름다움,
> 이너 뷰티에서 찾다**
>
> 실제 예비 신부들을 대상으로 하는 웨딩 관련 종사자분들을 만나면서
> 과연 예비 신부들이 원하는 게 무엇일지 끊임없이 질문을 던졌습니다
>
> 예비 부부부터 웨딩 박람회, 웨딩 플래너, 웨딩 샵, 스드메 실장님들을
> 직접 발로 뛰며 인터뷰를 한 결과 얻은 단 한 가지의 결론이 있습니다
>
> 예비 신부들이 진짜 갈망하는 것은 메이크업이나 보정 등으로 만드는
> 인위적인 아름다움이 아닌 스스로에게 '떳떳한 아름다움'이었습니다

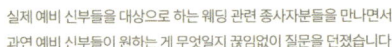
▲ 쇼핑몰의 브랜드 소개 페이지, 출처: 이너르 홈페이지

    이런 경우라면 제품을 판매하고 고객과 접점을 넓히면서 알게 된 사실을 다시 정리해 보자. 고객은 왜 우리 브랜드와 제품을 찾는지 생각하면 된다. 처음부터 거창할 필요는 없다. 정성을 담아 제품을 판매하면서 알게 된 사실을 스스로 고민하며 나열해 보는 것도 좋다.

우리는 어떤 역사를 가지고 있는가

> "우리의 미생물 응용공법이
> 동물의 면역과 건강에
> 지대한 영향을 끼친다면,
> 사람에게는 어떨까?"
>
> 건강복원과 난치성 질환 솔루션 연구기업,
> 지금의 중앙미생물연구소를 있게 한 아이디어 입니다.
>
> 1987 03 '고려척산' 상호허가 취득, 균제식품, 생약EX생산
> (원료, 유럽 수출 목적)
>
> 1987 08 무역업 허가 취득,
> 수출 무역(87~91년 총 457만불 수출)
> 은행잎 엑기스 생산 및 수출

▲ 제조사 연혁, 출처: 중앙미생물연구소 홈페이지

내가 제조사와 새 브랜드를 출시할 때의 이야기다. 이 제조사는 1981년부터 공장을 운영해 오면서 40년 넘는 시간 동안 연구를 하고 많은 특허를 출원했지만, 정작 제조사는 이것이 콘텐츠가 될 수 있다는 것을 알지 못했다. 그리고 이 제조사의 사이트를 찾은 고객 역시 관련 콘텐츠가 없으므로 제조사의 연구와 특허에 대한 역사를 알 길이 없었다. 구매 고려 시간이 상대적으로 긴 '고관여 제품'은 이런 콘텐츠가 고객 스스로 구매를 합리화할 수 있는 좋은 장치가 되므로, 이렇게 신뢰감을 줄 수 있는 콘텐츠가 반드시 필요하다.

> **TIP** 고관여 제품에 대한 자세한 내용은 157쪽을 참고하세요.

앞의 사례처럼 오랜 역사가 없다고 '우리만의 역사'가 없는 것은 아니다. 당장 하루라도 역사의 한 페이지가 되며 브랜드나 제품을 기획하고 만드는 과정도 역사가 될 수 있다. 와디즈에서 쇼핑몰로 전환하는 제품의 아쉬운 점은 와디즈에서 제품을 펀딩할 때는 제품 기획 과정을 세세하게 제시하면서 정작 쇼핑몰에는 관련 콘텐츠를 사용하지 않는다는 점이다. 고객에게 신뢰를 주는 순간은 제품이 만들어지는 과정이고, 이것이 역사이자 중요한 신뢰 포인트다.

제품을 만난 고객의 삶은 어떻게 달라졌는가

고객은 제품의 가격을 보는 순간 고통을 느낀다. 그리고 이 고통을 잠재울 수 있는 특효약은 고객이 제품을 구입한 후 느낄 만족감을 미리 상상하게 하는 것이다. 이때 고객 페르소나가 필요하다. 고객 페르소나는 구체적일수록 좋다. 출산을 앞둔 산모를 위한 화장품을 판매한다면, 출산 후 몇 개월이 지났을 때 어떤 변화가 있는지, 또는 아이를 돌보며 피부를 관리하는 것이 얼마나 어려운지를 구체적으로 제시하자. 만약 몸의 독소를 관리하는 건강식품이라면 성별이나 나이뿐만 아니라 직업까지도 고려해, 직업 특성상 건강이 악화될 수밖에 없는 이유와 건강식품을 섭취했을 때 어떤 변화가 있는지를 건강검진 결과와 같은 구체적인 사실을 통해 세세하게 제시하자. 상황과 결과가 구체적일수록 고객의 상상력은 더 풍부해진다.

고객 페르소나는 특정 제품이나 서비스를 사용할 가능성이 높은 고객의 전형적인 특성을 반영한 가상의 인물을 의미한다. 이는 고객의 연령, 성별, 직업, 관심사, 구매 동기 등 다양한 데이터를 바탕으로 만들어진다. 고객 페르소나는 마케팅 전략을 세울 때 중요한 기준이 되며, 고객의 욕구와 문제를 보다 효과적으로 해결할 수 있도록 도와준다. 구체적인 페르소나 설정은 타겟 고객의 심리와 행동을 이해하는 데 큰 도움을 준다.

보통은 이러한 내용을 상세 페이지에 제시하는 경우가 많다. 하지만, 우리 제품을 통해 고객의 삶이 어떻게 달라졌는지에 대한 내용을 별도의 콘텐츠로 구성해, 쇼핑몰의 한 카테고리로 분리해 고객들이 더 쉽게 접근할 수 있도록 해야 한다. 상세 페이지 안에 이런 내용이 있다면 여러 정보 중 하나로 묻히기 쉽지만, 카테고리로 만들면 고객들의 유입이 더 원활해지고, 이 정보를 더욱 강조할 수 있다.

제품 기획을 위해 얼마나 치열하게 연구했는가

특정 제품이 잘 팔리기 시작하면 비슷한 제품들이 쏟아지는 현상은 이커머스 시장의 고질적인 문제 중 하나다. 과거에는 공급자가 정보를 독점했지만, 이제는 누구나 원하는 정보를 쉽게 찾아낼 수 있는 시대가 되었다. 크라우드 펀딩이나 °제품 소싱(Product Sourcing)도 개인이 어렵지 않게 해결할 수 있는 상황이다. 이런 환경에서 고객에게 전달해야 할 중요한 메시지는, 하나의 제품을 기획하고 생산하는 데 얼마나 치열하게 연구하고 노력했는가 하는 점이다. 이 연구와 개발 과정을 자신만 알고 있어서는 안 되며, 고객들이 그 과정에 대해 충분히 알 수 있도록 설명해 줘야 한다.

> **제품 소싱**
> 이미 만들어진 제품을 외부 공급자로부터 조달하는 과정

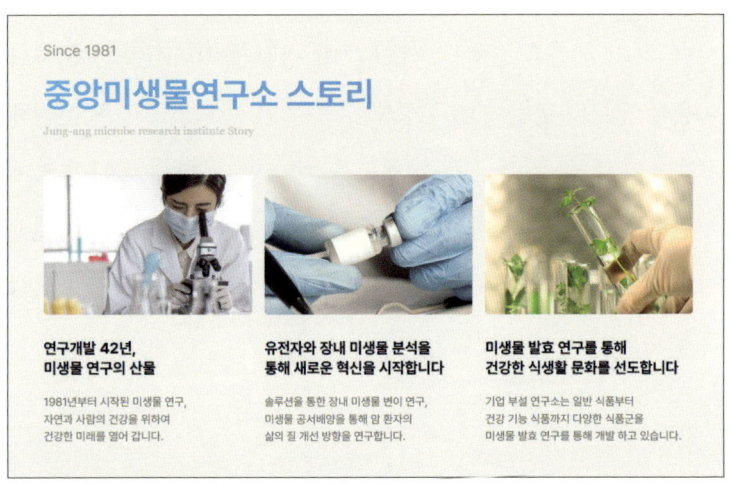

▲ 개발 관련 자료, 출처: 중앙미생물연구소 홈페이지

쇼핑몰의 브랜드 카테고리에 이런 연구 과정을 제시해야 하는 이유는, 광고를 보고 들어온 고객들이 비슷한 컨셉의 제품을 아예 동일한 제품으로 인식해 버리기 때문이다. 예를 들어, 여러 브랜드의 미백 앰플에 비타민 C가 포함되어 있더라도, 고객은 이를 같은 제품으로 여길 가능성이 크다. 하지만 우리 제품이 비타민 C 외에도 다른 성분을 추가해 미백을 위해 연구했다면, 고객이 우리 제품을 제대로 알기도 전에 이탈하는 건 정말 아쉬운 일이다. 그래서 브랜드 카테고리에 '12,000일의 제품 연구 일지'처럼 직관적인 이름을 붙여, 우리가 어떤 연구를 했고 다른 브랜드와 무엇이 어떻게 다른지를 명확히 보여줘야 한다. 제품 기획 단계에 있는 독자라면, 이러한 내용을 미리 충분히 고민해 두는 것이 좋다. 기획이 탄탄해야 사이트 내용도 자연스럽게 탄탄해질 수 있다.

좋다고만 하면 싫어지는 알 수 없는 고객의 마음

청개구리 같은 고객의 욕망을 건드려야 팔린다

제품을 잘 판매하려면 단순히 제품을 소개하는 데 그치지 않고, 고객에게 집착해야 한다. 고객의 이성을 자극하기보다는 감성과 욕망을 이해하고, 이를 효과적으로 활용하는 것이 중요하다. 처음 본 제품인데 하염없이 좋다고만 하면 고객은 괜히 구입하기를 망설인다. 그리고 굳이 단점을 찾게 되는데, 특히 한 번도 본 적 없는 사람들이 '이거 좋아요'라거나 '사길 잘했어요'라는 댓글을 보면 색안경을 끼고 보게 되어 괜히 사기 싫어지는 것이다. 그 마음을 조금 더 들여다보면 '이건 광고일 거야'라거나 '나는 더 좋은 제품을 찾을 수 있어'라는 오기가 발동된 것임을 알 수 있다. 더군다나 처음 보는 제품이거나 모르는 브랜드일 경우 더욱 그렇다. 그렇다면 고객이 순순히 호평을 인정하고 제품을 사고 싶어지는 순간은 언제일까?

일반적으로 호평을 받아들이고 '사야 된다'라고 생각하는 순간은 그 제품이 고객의 '어떤 상황'에 아주 적합해 보일 때다. 예를 들어, 소개팅에 매번 실패하던 친구가 갑자기 성공담을 늘어놓는데 그 과정에 평소 듣도 보지도 못한 향수가 슬쩍 등장한다면, 친구의 성공담보다는 슬쩍 언급된 그 향수에 더 관심이 가고 구매할 가능성도 높아진다. 만약 그 친구가 향수의 성분이 좋고 어떤 향을 모티브로 만들었는지 이야기했다면, 그 향수에는 별로 관심이 가지 않았을 것이다. 그리고 이런 이야기를 상세 페이지나 구매 후기에서 보게 된다면 높은 확률로 구매 버튼을 클릭하게 될 가능성이 높아진다.

욕망의 시대에서 결국 구입하게 만드는 콘텐츠는 고객의 이성보다는 감성을 건드리는 콘텐츠이다. 특히나 판매하려는 제품을 처음 소개하는 상황이라면 제품의 좋은 점을 계속 언급할수록 고객에게 색안경을 끼게 만드는 꼴이다. 고객이 제품과 브랜드에 대한 신뢰도가 형성되기 전이므로 의심의 장벽을 허물어내는 것이 쉽지 않지만, 감성적으로 접근한다면 의심의 장벽 대신 감성과 호기심을 재료로 신뢰도라는 장벽을 더 높게 쌓을 수 있다.

그렇다면 어떻게 감성과 호기심을 자극할 수 있을까? 우선, 인간의 욕망에 대한 이해도가 높아야 한다. 위에서 언급한 소개팅의 성공담에서 향수에 호기심을 가지는 이유는 여성의 마음을 사로잡고 싶은 남성의 원초적인 욕망에서부터 시작한다. 이러한 남성의 원초적인 욕망을 잘 활용한 광고 콘텐츠가 있다. 바로 몰래 카메라 형식으로 엘리베이터 안의 남자에게 낯선 여자가 향수 이름을 묻거나 남자가 내린 후 여자들끼리 향수 냄새가 좋다며 속닥이는 콘텐츠다.

이처럼 고객이 제품에 관심을 가지려면 무작정 팔기 위해 제품의 장점을 나열하기보다 본능적으로 호기심이 생길 수밖에 없는 '이야기'부터 전달해야 한다. 마케터들은 이를 '스토리텔링'이라고 말하지만 나는 스토리텔링보다 중요한 건 바로 고객의 원초적인 욕망을 이해하는 일이라고 생각한다. 스토리텔링은 고객의 원초적인 욕망을 끌어내기 위한 여러 수단 중 하나일 뿐이다. 제품의 장점부터 이야기하지 말고 제품을 통해 고객의 어떤 원초적인 욕망을 건드릴 것인가를 고민해야 고객의 호감을 살 수 있다.

고객의 속마음을 알아내야 잘 팔 수 있다

과연 우리가 생각한 타겟의 고객만 구매할까?

여성 쇼핑몰 업체의 마케팅을 진행했을 때의 일이다. 여느 때와 마찬가지로 사전 미팅을 준비하며 고객사의 쇼핑몰을 훑어보고 예상 타겟을 파악한 뒤, 몇 가지 질문을 준비했다. 대부분의 의류 쇼핑몰은 모델을 섭외하여 썸네일, 상세 페이지를 구성하는데, 상세 페이지의 모델이 20대 후반에서 30대 초반으로 보여 30대 초반 여성이 타겟일 것이라 생각하며 질문을 준비했었다.

미팅이 시작되고 고객사 대표에게 '제품을 주로 구매하는 타겟이 누구인가요?'라는 질문을 했는데, '저희 쇼핑몰의 메인 타겟은 50대 여성입니다'라는 예상 외의 답변이 돌아왔다. 의아함을 감추지 못하고, '상세 페이지의 모델은 50대가 아니라 20대 후반에서 30대 초반으로 보이는데, 특별한 이유가 있나요?'라며 질문을 이어 나갔고 고객사 대표의 답변을 통해 새로운 인사이트를 얻을 수 있다. '실제 메인 타겟은 50대 여성이지만, 그들이 선호하는 스타일은 30대 초반이어서 30대 초반의 모델을 섭외한 것입니다. 메인 타겟이 선호하는 스타일 나이의 모델을 섭외한 것이죠' 이때 알게 된 새로운 용어가 바로 '스타일 나이'였다. 50대라고 해서 반드시 자신의 연령대에 맞는 옷을 구매하는 것이 아니라 나이가 들수록 젊어 보이기 위해 피부과를 방문하고 성형 수술을 하는 것처럼, 옷도 조금이라도 젊어 보일 수 있는 옷을 선택한다는 것이다.

이 미팅 이후, 제품을 구매하는 고객의 '구매 동기', 즉 고객이 제품을 구매하는 숨은 이유에 대해 고민하는 습관이 생겼다. 만약, 스타일 나이에 대한 이해 없이 모델만 보고 단순히 30대 초반 여성이 사야 할 제품을 50대 여성이 구매했을 것이라고 생각하고 판매 데이터를 분석했다면, 광고를 진행할 때도 매우 단조롭게 접근했을 것이다. 하지만 50대의 구매 동기를 정확히 파악할 수 있었던 덕분에 접근 방식이 달라졌다. '이 옷을 입으면 주변에서 어려 보인다는 말을 자주 듣는다'는 리뷰를 강조하거나, '다른 쇼핑몰의 옷과 비교했을 때 스타일 변화만으로 N살 어려 보인다'는 식으로 접근할 수 있었던 것이다. 이처럼 고객의 구매 동기를 명확히 파악하는 것은 매우 중요하다.

스타일 나이는 단지 패션 제품에만 적용되는 개념이 아니다. 스타일 나이는 '고객이 이 제품을 구매하는 진짜 속마음'이라고 해석할 수 있다. 앞서 의류를 구매한 진짜 이유가 '더 젊어 보이기 위해서'였던 것처럼 말이다. 이제, 고객의 진짜 속마음을 더 잘 이해할 수 있는 남성 화장품 브랜드의 사례를 살펴보자.

당시 내가 담당했던 제품은 피부를 화사하고 밝게 만들어 주는 미백 크림이었다. 처음 이 미백 크림 광고를 맡고 나서 매출은 발생했지만, 광고 효율은 기대에 미치지 못했다. 대부분의 광고 콘텐츠는 미백 크림을 바르기 전후의 변화를 보여주는 '비포 앤 애프터' 방식으로, 밝아진 피부를 강조하는 내용이었다. 하지만 수십 개의 유사한 광고 콘텐츠를 만들었음에도 불구하고 효율이 좋지 않았고, 이에 '정말 이 제품을 구매하는 사람들의 속마음은 무엇일까?'라는 고민을 하게 되었다. 이 과정에서 관찰한 리뷰 중 특히 주목했던 내용은 '티 나지 않게 밝아진다'는 것이었다.

처음 광고를 기획할 때는 주로 20대 젊은 남성들이 밝은 피부를 원해 미백 크림을 사용할 것이라고 예상했지만, 분석 결과 주요 타겟은 40대였다. 20대가 주요 타겟이었다면 아이돌처럼 밝아진 피부만 강조해도 구매로 이어졌겠지만, 40대는 달랐다. 이들은 '남자가 무슨 화장을 하냐'는 보수적인 사고방식을 가진 경우가 많았다. 실제로 40대 구매자들의 리뷰를 보면, '바르고 출근했더니 얼굴이 환해 보이고, 인상도 좋아 보인다', '화장 티가 날까 걱정했는데 티 나지 않게 피부가 밝아져서 만족스럽다'는 내용이 많았다. 이처럼 티 나지 않게 밝아진다는 점이 중요한 구매 요인이었던 것이다.

▲ 남성 미백 화장품의 상세 페이지, 출처: www.mipkorea.kr

보수적인 성향의 40대에게는 단순히 피부가 밝아지는 것보다 화장한 티가 나지 않는 것이 더 중요했다. 이런 리뷰에서 단서를 얻어 광고 콘텐츠에 '티가 나지 않는다'라는 것을 적극적으로 강조하기 시작했고 광고 효율이 극적으로 높아지기 시작했다. 앞선 여성 쇼핑몰의 경우 '젊어 보이기 위해서', 남성 미백 크림의 경우 '화장한 티가 나지 않게 피부가 밝아지는' 것이 고객이 진짜 원하는 숨은 구매 동기다.

  이처럼 숨겨진 고객의 진짜 마음을 발굴하기 위해서는 광고 데이터와 같은 정량적 데이터 분석보다 리뷰나 주요 타겟이 활동하는 커뮤니티를 관찰하는 등의 정성적 조사가 필요하다. 물론 효율적인 광고 운영을 위해 정량적 데이터를 분석하는 것도 중요하지만, 고객의 진짜 마음을 이해하려면 그들의 삶을 이해해야 한다. 그들이 평소에 어떤 관심사를 가지고 있으며, 어떤 가치관을 지니고 있는지 끊임없이 고민해야만 진정한 구매 이유를 밝힐 수 있다.

댓글 관찰력과 콘텐츠 성공률은 비례한다

댓글엔 고객 욕망이 숨겨져 있다

대부분의 마케터는 광고 효율을 명확히 파악할 수 있는 정량적 데이터를 활용한 조사를 선호한다. 물론 정량적 데이터도 중요하지만, 콘텐츠를 잘 만들기 위해서는 정성적 조사도 필요하다. 정성적 데이터는 정량적 데이터로는 알 수 없는 고객의 마음을 제대로 이해할 수 있기 때문이다. 정성적 조사 방법 중 가장 확실하게 고객의 마음을 파악할 수 있는 방법은 댓글을 관찰하는 것이다. 댓글은 SNS 플랫폼에서 얻을 수 있는 최고의 인사이트다. 고객이 우리 제품 중 어떤 것에 반응하는지 알 수 있는 데이터로 댓글 내용을 관찰하다 보면 자연스럽게 콘텐츠의 주제를 잡을 수 있다.

그렇다면 댓글에서 어떤 인사이트를 얻을 수 있을까? 다음 이미지는 남녀공용 의류의 광고 콘텐츠이다. 성별과 상관없이 입을 수 있는 의류이므로 남녀 모델의 이미지를 사용했지만 왼쪽의 콘텐츠에서는 남성의 댓글을 찾을 수 없었다. 대신 트윈 룩으로 입어보자는 여성의 댓글이 많았는데, 여기서 힌트를 얻어 다음 콘텐츠에서는 방향을 전환하여 오른쪽 이미지와 같이 여성 모델의 이미지와 함께 트윈 룩이라는 키워드를 포함하여 콘텐츠를 발행했다.

▲ 사례의 광고 이미지

방향을 전환한 오른쪽의 콘텐츠는 왼쪽 콘텐츠보다 2~3배 이상의 반응을 얻을 수 있었을 뿐만 아니라 전환율도 상승 곡선을 그리기 시작했다. 이렇게 콘텐츠를 발행한 다음 댓글을 관찰하다 보면 지금 사례와 같은 성과를 얻을 수 있는데, 이것은 댓글을 관찰하는 마케터를 위한 선물이라고 생각한다.

다음은 자사에서 런칭한 제품을 판매하기 위해 운영한 웨딩 커뮤니티 인스타그램 계정의 콘텐츠다. 팔로워를 모으기 위해 게시한 콘텐츠에 예비 신부들이 예비 신랑을 태그하며 '숙지해라'라는 댓글을 남겼다. 깊이 고민하지 않고 넘길 수 있었던 댓글이었지만, 웨딩 촬영에 남성보다 더 민감한 여성이 인생에 단 한 번뿐인 순간에 멋진 사진을 남기고 싶어 하는 마음에서 신랑이 될 남자친구를 태그하며 신신당부하는 귀여운 압박을 포착할 수 있었다. 그리고 이러한 댓글에서 힌트를 얻어 만든 다음 콘텐츠에는 약 스무 배가 넘는 댓글이 달리는 성과를 얻을 수 있었다.

▲ 사례의 인스타그램 이미지, 출처: @weddinghistorygirl

두 번째 콘텐츠에서는 '예비 신랑'이라는 키워드를 전면에 배치했다. 그리고 댓글을 유도하는 핵심 키워드인 '예비 신랑 태그 해주기'처럼 구체적인 콜 투 액션 (Call to Action)도 추가했다. 첫 번째 콘텐츠의 댓글에서 힌트를 얻어, 예비 신부가 예비 신랑을 태그

> **콜 투 액션**
> 고객이 원하는 작업을 수행하도록 유도하는 짧은 문구

할 수 있는 환경을 조성하고, 원하는 행동을 더 강조한 것이다. 이렇게 콜 투 액션을 통해 환경을 조성하여 이전 콘텐츠보다 더 좋은 반응을 얻을 수 있었고 많은 댓글 덕분에 이후 콘텐츠 주제를 더욱 많이 추출해낼 수 있다.

▲ 사례의 인스타그램 이미지, 출처: @weddinghistorygirl

SNS에서 활동하는 마케터의 숙명은 좋은 반응을 얻을 수 있는

콘텐츠를 지속적으로 만들어야 한다는 것이다. 지금 이 순간에도 수많은 마케터가 사람들의 반응을 얻기 위해 새로운 가설을 세우고 콘텐츠를 생산하고 또 실험하고 있다. 그리고 이런 실험의 결과로 얻을 수 있는 댓글 안에서는 실제 고객의 이야기와 심리를 발견할 수 있다. 어쩌면 웨딩 촬영 콘텐츠 사례의 예비 신부들은 인생에 한번뿐인 웨딩 촬영을 예비 신랑이 망치지 않았으면 하는 마음을 굳이 얼굴을 붉히지 않고도 속마음을 전달할 수 있는 매개체로 활용했을 수도 있다.

고객은 당신의 제품을 구매할 준비가 되어 있나요?

필요와 욕구의 활용법

마트에서 두 명의 점원이 동일한 와인 시음 코너를 운영하고 있다. A 점원은 저렴한 와인임을 강조하며 '오늘 저녁, 합리적인 가격의 와인으로 오붓하게 주말을 마무리해 보시는 건 어떨까요?'라고 제안하며 와인을 판매하고, B 점원은 '이 와인은 어느 나라의 어떤 지역에서 생산되었고, 어떤 숙성 과정을 거쳐 어떤 맛과 향을 지니며, 어떤 음식과 잘 어울립니다'라며 와인에 대해 상세하게 설명하며 판매하고 있다. A와 B 점원 중 누가 더 많은 와인을 판매할 수 있을까?

결론부터 이야기하자면 A, B 두 점원 중 누가 더 와인을 판매할 수 있는지 알 수 없다. 왜냐하면 와인 시음 코너에 선 고객이 지금 와인을 원하고 있는지, 아닌지를 알 수 없기 때문이다. 만약 고객이 와인을 구입할 생각이 있다면 와인에 대해 상세하게 설명해 주는 B 점원의 판매 방식에 설득될 가능성이 높다. 이미 와인을 구입할 생각이 있는 상태이므로 어떤 와인을 구매할 것인지 고민하고 있는 단계에서는 구체적인 와인 정보를 제공해 주는 쪽에 귀를 기울일 것이다. 이와 반대로 와인을 구매할 생각이 없는 고객이 B 점원의 구체적인 와인 설명을 듣는다면 그 자리에서 이탈할 것이다. 구매 의사가 없었던 상황에서는 구체적인 정보가 지루할 뿐이다. 오히려 구매 의사가 없었던 상황에서는 B 점원보다 A 점원의 접근이 매출을 높일 수 있다. 와인을 구매할 생각은 없었지만 '저렴한 가격으로 분위기를 낼 수 있다'는 메시지를 통해 충동적으로 구매를 유도할 수 있기 때문이다. 이처럼 고객의 상황에 따라 매출이 발생하는 메시지는 다르다.

어떻게 하면 현재 마주하고 있는 고객이 제품이 필요하다고 생각하는 단계에 접어들었는지, 아니면 제품의 필요성에 대해 먼저 설득해야 하는지 구분할 수 있을까? 매장의 경우, 와인을 판매하는 점원은 고객과 직접 대화를 통해 이것을 어느 정도 짐작할 수 있다. 만약 고객이 이미 필요성을 느끼고 있다면, 와인에 대한 구체적인 설명을 듣고 적극적으로 질문하거나 경청할 것이다. 반대로 필요성을 느끼지 못했다면, 대충 듣는 시늉만 하며 고개를 끄덕일 가능성이 크다. 이처럼 오프라인 매장에서는 고객의 반응을 직접 살피며 힌트를 얻을 수 있다. 그러나 고객과 직접 얼굴을 마주할 수 없는 온라인에서는 이러한 반응을 파악하기가 어렵다.

온라인에서는 장바구니 전환율을 통해 고객이 어느 단계에 있는지 파악할 수 있다. 상세 페이지에 유입되었다는 것은 광고를 보고 클릭했거나, 직접 검색을 통해 진입한 것이므로 고객이 제품에 대한 필요성이나 호기심을 느껴 상세 페이지까지 도달한 것이다. 이후, 이 고객이 실제로 제품을 필요로 하는 단계에 있는지는 장바구니 전환율을 통해 판단할 수 있다. 상세 페이지에는 단순한 호기심으로 들어올 수 있지만, 장바구니에 제품을 담는 행위는 제품이 필요하다는 명확한 신호이다. 따라서 상세 페이지에 유입된 고객이 제품을 장바구니에 담는지를 반드시 확인해야 한다. 심혈을 기울여 광고로 고객을 유입시켰지만, 장바구니로 전환되는 고객이 전혀 없다면, 상세 페이지에 머문 고객은 제품에 대해 필요성을 느끼지 못한 것이다. 반면, 장바구니로 전환되는 고객이 있다면, 드디어 제품에 대한 필요성을 느낀 고객이 유입된 것이라고 볼 수 있다. 그렇다면, 상세 페이지에 머무는 고객과 장바구니에 제품을 담은 고객은 각각 어떻게 설득해야 매출을 만들 수 있을까?

첫 번째, 상세 페이지에서 이탈하는 고객은 제품의 필요성을 충분히 전달하지 못했기 때문에 관심을 끌지 못한 경우라고 볼 수 있다. 대체로 이런 상황에서는 제품의 필요성을 강조할 때 제품의 기능이나 효과만을 설명하는 경우가 많다. 내가 광고했던 남성 청결제도 이와 비슷한 상황이었다. 여성 청결제는 이미 여성들에게 꼭 필요하다는 인식이 강하지만, 남성들은 이에 대한 인식이 상대적으로 낮았다. 심지어 남성 청결제라는 제품이 있는지조차 모르는 사람들도 많았다. 그래서 남성들이 왜 청결제를 사용해야 하는지, 그 이유와 정보를 먼저 제공하고 설득하는 방식으로 접근했고, 그 결과 좋은 성과를 낼 수 있었다.

두 번째, 고객이 장바구니에 제품을 담았다면, 앞서 B 점원이 했던 것처럼 제품의 필요성을 느낀 고객에게 더 구체적인 설명을 제공하고, 그들을 다음 단계로 나아갈 수 있도록 적극적으로 설득해야 한다. 여기서 사용할 수 있는 기법 중 하나가 '비교 우위' 전략이다. 비교 우위 전략이란 자사 제품이 경쟁사 제품보다 더 우수하다는 점을 강조하여 고객을 설득하는 마케팅 기법이다. 예를 들어, 남성 청결제의 필요성을 인식한 고객에게 이 제품이 타사 제품보다 적어도 한 가지 이상의 우위를 가지고 있음을 제시하면 장바구니에서 결제로 이어질 가능성이 높아진다. 이 전략은 자사의 제품이 더 저렴하다거나, 더 좋은 성분을 사용한다는 등의 차별화된 장점을 부각시켜 고객이 자사 제품을 선택하도록 유도할 수 있다. 따라서, 같은 남성 청결제일지라도 우리 제품이 왜 더 특별한지를 명확히 설명하며 고객을 설득해야 한다. 예를 들어, 남성 청결제에 대한 필요성을 인식한 고객이라면, 그 다음 단계에서 이 제품이 타사 제품보다 적어도 한 가지 이상의 우위를 가지고 있다는 점을 제시하면 장바구니에서 결제로 이어질 가능성이 높아진다. 이때 장바구니에 제품을 담은 고객에게 쿠폰까지 제시한다면, 더욱 극적인 효과를 얻을 수 있다.

고객마다 구매 전환 속도는 다르다. 어떤 고객은 아직 제품이 왜 필요한지 모를 수도 있고, 어떤 고객은 이미 필요성을 느끼지만 구매에 대한 확신이 부족할 수 있다. 우리는 고객을 접하자마자 빠르게 그들이 어느 단계에 있는지 파악할 수 있어야 한다. 그래야만 각 상황에 맞춰 두 유형의 고객 모두를 효과적으로 설득할 수 있다.

3

한 장의 콘텐츠로도 역대 매출이 가능합니다!

매출을 만드는
팔리는 콘텐츠

'콘텐츠(Content)'는 '텍스트', '이미지', '동영상', '음악' 등 다양한 형태로 존재하는 정보와 자료를 의미합니다. 지금까지 수십만 장의 콘텐츠를 만들면서 느낀 사실은 광고 콘텐츠를 많이 만드는 것보다 제대로 만드는 것이 중요하다는 것입니다. 콘텐츠를 만드는 데는 많은 비용과 시간이 투입됩니다. 그런데 매출을 일으킬 수 있는 콘텐츠에 대한 이해 없이 콘텐츠를 제작하면, 아무리 많이 만들어도 매출은 발생하지 않습니다. 오히려 쓸모없는 콘텐츠에 광고비만 낭비되어 손실이 발생할 수도 있죠. 이번 장에서는 매출을 일으키는 콘텐츠를 만드는 데 필요한 방향성을 익히고, 팔리는 콘텐츠에 대한 다양한 관점을 소개합니다.

광고 vs 선전, 광고의 본질

팔리는 콘텐츠의 서막

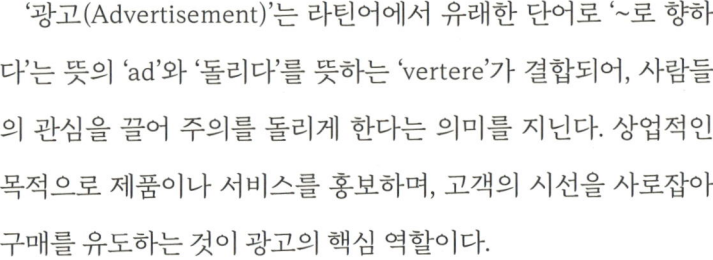

 '광고(Advertisement)'는 라틴어에서 유래한 단어로 '~로 향하다'는 뜻의 'ad'와 '돌리다'를 뜻하는 'vertere'가 결합되어, 사람들의 관심을 끌어 주의를 돌리게 한다는 의미를 지닌다. 상업적인 목적으로 제품이나 서비스를 홍보하며, 고객의 시선을 사로잡아 구매를 유도하는 것이 광고의 핵심 역할이다.

 반면에, '선전(Propaganda)'은 특정 사상이나 의견을 대중에게 전파해 그들의 생각이나 행동을 특정 방향으로 이끌려는 행위를 의미한다. 정치, 사회, 종교 등의 분야에서 많이 활용되며, 때로는 사실을 왜곡하거나 과장해 사람들을 설득하려는 경우도 있다.

선전은 긍정적일 수도, 부정적일 수도 있는데 나치 독일의 선전부장관 요제프 괴벨스가 사용한 흑색 선전이 대표적인 부정적 예다.

광고와 선전은 그 목적이 다르지만, 고객을 설득하는 데 선전의 기법이 마케터에게 유용할 수 있다. 이를 적절히 활용한다면, 더욱 강력한 마케팅 전략을 구축할 수 있다.

어느 패션 브랜드의 마케팅을 담당했을 때의 일이다. 당시 이 브랜드는 특정 명품 브랜드만 독점하는 원단 공장과 계약을 맺어 명품 브랜드와 동일한 원단을 사용할 수 있었지만, 80만 원이 넘는 가격 때문에 '이 가격이면 차라리 명품을 산다'는 여론이 형성되어 있었다. 이러한 상황에서 고객의 인식을 전환하기 위해 명품 브랜드를 직접 언급하며 같은 원단을 사용한다는 내용을 담은 카드뉴스를 제작해 SNS에 배포했다. 그 결과는 성공적이었고, '원단이 같다면 이 제품이 더 저렴하다'라는 긍정적인 여론을 형성할 수 있었다.

광고와 선전은 모두 특정한 목적을 가지고 대중을 설득하는 행위로, 그 본질은 서로 다르지 않으며 시대가 변해도 달라지지 않는다. 그래서 온라인에서 무언가를 팔기로 마음먹었다면 '판매할 제품의 효과나 성능을 어떻게 제시할 수 있는가?'를 고민해야 한다. 피부가 좋아지는 화장품, 거실의 분위기가 달라지는 조명, 곰

팡이를 없앨 수 있는 청소용품 등 1차원적인 시각 정보가 있는 광고 콘텐츠는 곧바로 고객의 반응을 확인할 수 있다. 하지만 아쉽게도 이런 1차원적인 시각 정보를 제시할 수 있는 제품은 그리 많지 않다. 광고가 제품의 시각적 정보를 통해 고객의 반응을 즉각적으로 이끌어내고자 한다면, 선전은 좀 더 심리적이고 감성적인 접근을 통해 고객의 생각을 변화시킨다. 따라서, 성공적인 마케팅을 위해서는 다음의 두 가지를 고민해야 한다.

1. 누구에게 팔 것인가
2. 이 제품이 왜 필요한가

WHO	STORY
누구에게 보여줄 것인가?	이 제품이 왜 필요한가
광고+선전=고객에게 우리가 의도한 내용을 각인시키는 것	

▲ 성공적인 마케팅을 위한 전략

누구에게 팔 것인가?

무좀 치료제의 마케팅을 담당하게 됐을 때, 바로 '5,60대 남성'을 주요 타겟으로 떠올렸다. 당연히 무좀은 남성, 그 중에서 연령이 높을수록 많이 걸릴 것이라 생각했기 때문이다. 하지만 마케팅을 위해 조사하던 중 여성의 검색 비율이 더 높다는 것을 알게 되었다.

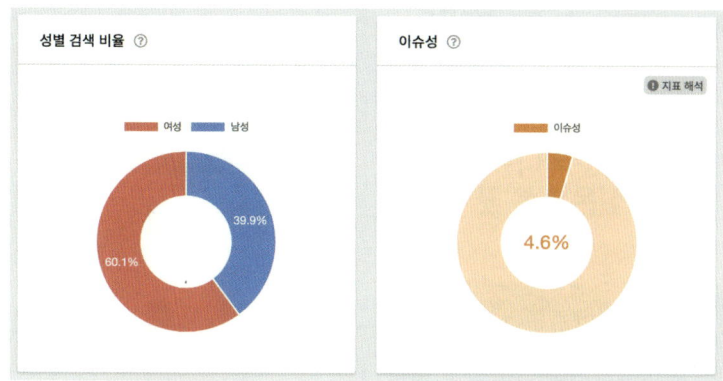

▲ 키워드 검색 비율, 출처: 블랙키위 키워드 홈페이지

　그리고 그 이유까지 조사해 보니, 최근 활발해진 셀프 페디큐어 열풍 덕분에 직접 페디큐어를 하고 발 관리를 제대로 하지 못한 여성들이 무좀과 관련된 키워드를 검색하고 관련 정보를 소비하는 경우가 상당히 많다는 것을 발견했다. 이렇게 수집한 자료를 바탕으로 '셀프 페디큐어를 하는 2030 여성'을 주요 타겟으로 정한 다음 상세 페이지를 제작하고 가격 정보도 관리샵에 다니는 여성에게 익숙하게 제시했다.

▲ 상세 페이지와 제품 구성, 출처: 옵티팜 홈페이지

　주요 타겟을 정할 때는 이렇게 판매할 제품을 사용하는 실제 고객의 성별뿐만 아니라, 그 대상이 무엇을 고민하는지, 소득 수준은 어떤지 등을 세세하게 고려해야 한다. 이러한 과정을 거쳐야 누구에게 판매할 것인지가 명확해진다.

　그런데, 광고 효율이 떨어진다고 푸념하는 대부분의 사람들은 누구에게 팔지에 대해 깊게 고민하지 않는다. 앞서 알아본 사례처럼 무좀 관련 제품을 판매한다면, 이 제품이 필요한 사람은 성별이나 연령에 상관없이 모두 구매할 것이라고 생각하기 쉽다. 그러나 이것은 잘못된 생각이다. 무좀을 관리할 수 있는 제품에는 우리 제품만 있는 것이 아니기 때문이다. 고객들은 이 제품의 광고 콘텐츠에 노출되는 순간부터 이 제품이 최선의 선택인지를 끊임없이 검증한다. 그 와중에 더 낮은 가격에 조금이라도 좋아 보이는 제품에 노출되거나, 더 유명한 제품이 있다면 바로 해당 제품을 선택하기 마련이다. 이제 판매를 시작한 제품을 경쟁사와 같은 방식으로 판매하여 더 높은 성과를 낼 수 있을까? 전혀 그렇지 않다. <u>작은 브랜드일수록 주요 타겟을 더 날카롭게 설정해야 한다.</u> 브랜드의 영향력을 차치하더라도 고객의 심리를 조금이라도 이해한다면 더 날카롭게 주요 타겟을 설정해야 한다. 그렇기 때문에 우리가 고민해야 할 것은 우리 제품을 누구에게 판매할 것인지 고민해야 하는 것이다. 주요 타겟을 설정하고 그 사람이 일상 생활에서 느끼는 불편함을 구체적으로 그릴 수 있어야 더 잘 팔 수 있다.

이 제품이 왜 필요한가

홈쇼핑 채널에서 빠짐없이 나오는 장면 중 하나는 제품 시연 장면이다. 그리고 반드시 나오는 장면이 하나 더 있는데, 그것은 바로 여러 가지 일상 상황에서 판매 중인 제품을 사용하는 장면이다. 이런 영상이 꼭 등장하는 이유는 고객의 공감대를 자극하기 위함이다. 광고도 마찬가지다. 결국 누가 더 많은 고객의 공감대를 기가 막히게 두드리느냐에 따라 광고의 효율이 달라진다. 같은 제품이라도 어떤 회사에서 광고하느냐에 따라 성과가 다른 이유도 여기에 있다.

무좀 제품을 판매하기 위해 셀프 페디큐어를 한 주요 타겟을 발견했을 때, 주변의 모든 여성 지인에게 페디큐어와 무좀에 대해 물어봤다. 하지만 10명 중 9명은 페디큐어와 무좀의 상관관계에 대해 인지하지 못했고, 심지어 본인이 무좀이 있다는 사실을 부정하는 느낌마저 들었다. 이 과정에서 단순히 무좀을 해결해 준다는 식으로 광고해서는 제품을 팔 수 없을 것이라는 확신이 들었다. 우리가 목표로 했던 주요 타겟이 페디큐어와 무좀의 상관관계 자체를 인지하지 못했기 때문이다.

또한, 주요 타겟에게 아무리 이런 내용으로 광고를 한들 '나는 아닐 거야'라고 생각한다면 광고에 노출되어도 곧 이탈할 것이라는 것을 알 수 있었다. 그래서 우리가 만들어야 할 광고 콘텐츠는 다음 세 가지를 충족해야 했다.

1. 페디큐어와 무좀의 상관관계를 인지시킬 것
2. 제품을 신뢰할 수 있게 할 것
3. 제품의 효과를 전달할 것

그리고 이 세 가지를 충족시키는 영상 콘텐츠 주제로 <페디큐어 원장님의 발톱 무좀의 케어의 비밀>이라는 영상을 제작했다.

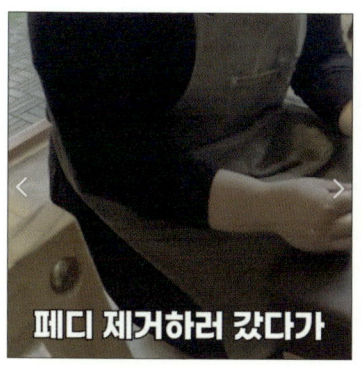 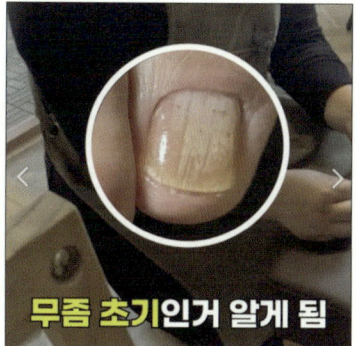

▲ 광고 콘텐츠 영상 캡처 화면

　이 영상은 우리가 목표로 한 세 가지를 충족하기 위해 페디큐어를 제거할 때 보이지 않던 무좀을 시각화하고 실제 페디큐어 전문가를 섭외해 신뢰감을 주었다. 또한 제품의 효과는 제품 사용 이전과 이후를 비교할 수 있게 구성했다. 과연 결과는 어땠을까?

　신규 제품의 매출이 단숨에 일 200만 원을 넘겼다. 광고를 진행하고 약 2주만의 성과였다.

결제완료 주문					
주문수	품목수	상품구매금액	배송비	할인	쿠폰
48	53	2,438,800	67,500	0	45,000
33	35	1,374,200	62,500	0	20,000
52	60	2,310,500	100,500	0	30,000
42	45	1,747,400	82,500	0	0
21	22	977,800	40,500	0	5,000
29	30	1,296,528	47,500	0	30,000
19	19	871,723	43,000	0	15,000
14	15	661,000	25,000	0	10,000
6	6	217,800	15,000	0	0
15	17	689,600	30,000	0	10,000

▲ 해당 제품의 카페24 매출 화면

구매 전환율도 계속 상승 곡선을 그렸다. 주요 타겟 설정과 콘텐츠에 대한 고민 없이 '남성 무좀'을 콘셉트로 광고했을 때는 구매율이 2.13%였지만, '누구에게 팔 것인가'와 '이 제품이 왜 필요한가?'를 고민한 다음에는 3.94%로 전환율이 두 배 가깝게 올랐다. 이것은 같은 광고비로 매출이 두 배 상승했다는 것을 의미한다. 팔리는 콘텐츠를 생산할 때 단순하게 많이 생산하고 실험하면 답을 찾을 수 있을 것이라고 착각하지만 정작 중요한 것은 단순하게 많이 실험하는 것에 의미를 두면 안 된다는 것이다. 고객이 어떤 상황을 제시해야 제품이 필요하다고 느낄지에 대해 끊임없이 질문하고 답해야만 결국 콘텐츠로 매출을 만들어낼 수 있다.

콘텐츠, 그런데 왜 만드나요?

좋은 콘텐츠는 목적 설정에서 시작된다

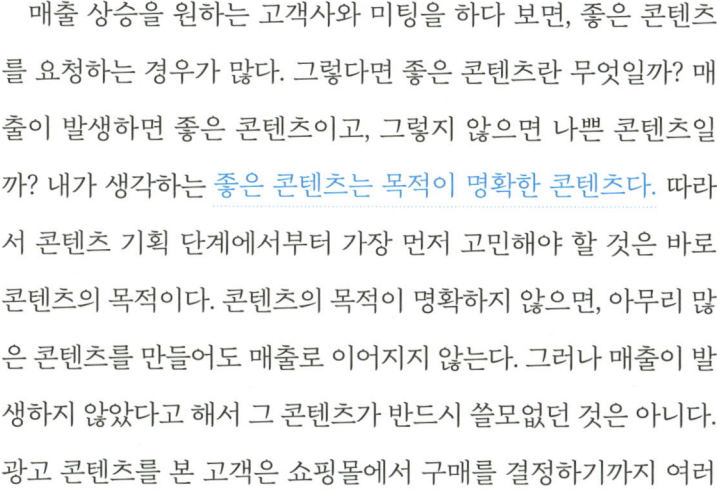

매출 상승을 원하는 고객사와 미팅을 하다 보면, 좋은 콘텐츠를 요청하는 경우가 많다. 그렇다면 좋은 콘텐츠란 무엇일까? 매출이 발생하면 좋은 콘텐츠이고, 그렇지 않으면 나쁜 콘텐츠일까? 내가 생각하는 좋은 콘텐츠는 목적이 명확한 콘텐츠다. 따라서 콘텐츠 기획 단계에서부터 가장 먼저 고민해야 할 것은 바로 콘텐츠의 목적이다. 콘텐츠의 목적이 명확하지 않으면, 아무리 많은 콘텐츠를 만들어도 매출로 이어지지 않는다. 그러나 매출이 발생하지 않았다고 해서 그 콘텐츠가 반드시 쓸모없던 것은 아니다. 광고 콘텐츠를 본 고객은 쇼핑몰에서 구매를 결정하기까지 여러

경로를 거친다. 광고 콘텐츠에 노출된 플랫폼이나 매체에서 댓글을 살펴보거나, 제품의 상세 페이지를 둘러보며, 광고 콘텐츠를 저장해 두는 경우도 있다. 즉, 콘텐츠가 직접적으로 매출을 올리지 않더라도, 광고를 통해 우리 제품을 인지하게 되는 간접적인 성과가 있다는 것이다. 이런 이유로 광고 콘텐츠가 당장 구매로 이어지지 않았다고 해서 그 가치를 폄하해서는 안 된다. 광고를 통해 고객이 우리 제품을 인지했다는 것만으로도 단 한 명의 잠재 고객을 확보하는 목표를 달성한 셈이기 때문이다.

매출이 발생하지 않았다고 해서 광고 콘텐츠를 쓸모없다고 단정 지어버린다면, 우리 제품을 인지한 고객을 다시는 만나지 못할 수 있다. 그래서 매출 외에도 콘텐츠로 달성하려는 목적을 구체적으로 설정할 필요가 있는데 그 대표적인 성과가 바로 제품 인지이다.

제품을 인지시키는 방법은 정말 다양하지만, 가장 상징적인 인지 콘텐츠로 'PPL(Product Placement)'을 떠올리면 쉽게 이해할 수 있다. PPL이란 영화나 드라마, 예능 프로그램 등 다양한 매체에서 특정 제품을 소품처럼 자연스럽게 노출시켜 시청자에게 제품을 인지시키는 간접 광고 방식을 말한다. 대놓고 제품에 대해 설명하는 것이 아니라, 은근하게 배치함으로써 시청자가 무의식적으로 제품을 접하게 하는 방식이다.

온라인에서 광고 콘텐츠를 제작할 때도 유튜버에게 PPL 광고를 집행하는 사례가 많다. 제품에 대한 직접적인 설명은 없지만, 은근하게 제품을 노출시켜 유튜브 시청자들이 자연스럽게 제품을 인지하게 만드는 것이다. 하지만 유튜버 광고에서는 '뒷광고' 논란이 발생하기도 한다. 앞광고란 유튜버가 광고 계약을 맺고 제품을 홍보하면서도 이를 시청자에게 명확히 알리지 않는 경우를 말한다. 이는 시청자들이 광고임을 인지하지 못한 채 해당 제품을 신뢰하도록 유도하기 때문에 문제가 된다.

PPL과 앞광고는 모두 자연스럽게 제품을 인지시키는 광고 방식이라는 공통점이 있지만, 투명성의 차이가 있다. PPL은 콘텐츠 내에서 간접적으로 제품을 노출시키는 것이 일반적이지만, 앞광고 논란의 경우 광고 사실을 밝히지 않아 시청자와의 신뢰성 문제가 생길 수 있다. 따라서 광고 콘텐츠를 제작할 때는 매출뿐 아니라 투명한 광고를 통해 신뢰를 유지하는 것까지 염두하는 것이 중요하다.

광고 콘텐츠를 만들 때는 '인지형' 콘텐츠와 '매출형' 콘텐츠로 구분해 보자. 그리고 콘텐츠의 목적에 따라 효율을 판단하는 지표도 다르게 설정해야 한다. 인지형 광고 콘텐츠의 성과를 결정하는 지표는 '좋아요', '댓글', '저장'과 같은 '참여도'이며, 매출형 콘텐츠의 성과는 '장바구니', '결제 시작', '구매'와 같은 '구매 성과'가 핵심 지표가 된다. 만약 우리의 목표가 많은 사람에게 제품을 노출시키고 알리는 것이라면 인지형 콘텐츠를 선택해야 하고, 노출보다는 매출과 영업 이익을 목표로 한다면 매출형 콘텐츠에 집중하는 것이 좋다.

어설픈 연기로는 팔 수 없다

살까, 말까를 고민하게 하는 콘텐츠

열심히 마케터 커리어를 쌓던 20대 중후반, 퇴근하고 집에 도착하면 오후 11시 정도가 되었다. 이 시간이면 엄마는 어김없이 홈쇼핑을 보고 계셨다. 거의 매일 2시간 정도 홈쇼핑을 보신 뒤 주무셨는데, 어느 날 문득 왜 그렇게 매일 홈쇼핑을 보시는지 궁금해서 여쭤어 보았고 답변은 생각보다 간단했다. '살까 말까 고민하지' 엄마는 살지 말지에 대한 단순하고도 당연한 고민을 하면서 매일 2시간 정도 홈쇼핑을 보고 계셨던 것이다.

엄마의 대답을 듣고, 내가 만든 콘텐츠나 경쟁사들이 만든 콘텐츠를 보고 고객들이 '살까 말까'를 고민할지 생각해 보니 그렇지 않은 콘텐츠도 있었다. 이런 콘텐츠들의 공통점은 어설픈 스토리를 담고 있다는 점이었다. 처음에는 광고가 아닌 것처럼 연기하다가, 어색한 순간에 제품이 등장하는 광고들이다. 이러한 광고는 댓글에서 어김없이 욕설이나 '또 광고네' 같은 부정적인 반응을 받기 마련이다.

향수 광고를 예로 들어보자. 길거리를 걷던 여성이 버스를 기다리던 남성을 지나치다가, 마음에 드는 이상형을 발견한 듯 다시 되돌아간다. 그리고 연락처를 물을 듯 남성에게 가까이 다가가 귓속말로 묻는다. '향수, 뭐 쓰세요?' 이런 질문이 등장하는 순간, 광고임을 눈치챈 사람들 사이에서 '광고네'라는 반응이 댓글에 쏟아지기 시작한다. 어떤 향수든 상관없이, 광고가 아닌 것처럼 보이는 연출에 속았다는 배신감 때문에 좋은 반응을 얻기 어려운 것은 불 보듯 뻔한 일이다.

베테랑 마케터가 아닌 이상, 광고가 아닌 척하는 광고를 자연스럽게 연출하는 것은 매우 어렵다. 배신감만 유발하여 사람들에게 오히려 제품에 대한 인식이 나빠질 위험이 있다면, 차라리 '살까 말까'를 고민하게 하는 '홈쇼핑 프레임'에서 광고 콘텐츠를 제작하는 것이 훨씬 낫다. 즉, '이것은 광고입니다'라는 사실을 분명히 드러내고 광고 콘텐츠를 제작하면 사람들은 '악플을 달까 말까'가 아닌, '살까 말까'라는 본질적인 고민을 하게 된다. 그러므로 광고임을 드러 낸 상태에서 어떻게 하면 설득력을 높일 수 있을지 고민하는 것이 더 생산적이다.

홈쇼핑에서 전문 쇼호스트를 섭외해 제품의 성능을 정확히 전달하고, 다양한 상황에서 제품을 사용하는 모습을 보여주는 것처럼, 광고가 아닌 듯한 광고를 위해 어설픈 스토리를 고민하는 것보다 짧은 시간 안에 광고 콘텐츠로 고객의 구매 욕구를 어떻게 자극할지 고민하는 것이 좋다.

광고가 아닌 척하는 광고는 유튜브의 뒷광고 논란과 맞닿아 있다. 많은 유튜버들이 자연스럽게 제품을 노출했다고 생각했겠지만, 결국 열렬했던 구독자들은 배신감을 느끼고 구독을 취소했다. 만약 광고임을 공개하고, 해당 제품이 꼭 필요했던 구독자들에게 솔직하게 설명했더라면, 비록 광고라는 것을 알았더라도 더 적극적으로 구매했을 것이다. 검증 수단과 눈이 많아진 지금은 이전보다 더 정직하게 제품을 팔아야 한다.

제품과의 연관성을 고려해야 팔리는 콘텐츠가 완성된다

팔리는 콘텐츠를 위한 여정

콘텐츠 발행 이후 쏟아지는 반응은 상세 페이지 전환율, 회원 가입, 매출 등 우리가 목표로 하는 결과와 비례할까? 여기서는 쉽게 설명하기 위해 목표를 매출로 가정해 보자. 콘텐츠를 발행한 후 좋아요, 댓글, 공유 등의 반응이 많다고 해서 이러한 반응이 반드시 매출로 이어지지는 않는다. 콘텐츠 반응과 매출 간에는 상관관계가 있을 수 있지만, 인과관계가 있다고 단정할 수는 없다. 콘텐츠 반응이 좋음에도 불구하고 매출이 발생하지 않는 상황은 빈번하다. 그렇다면 왜 사람들은 콘텐츠에 반응하면서도 제품을 구매하지 않는 것일까?

이제 막 출시한 따끈따끈한 시계 브랜드의 광고를 진행한 적이 있다. 브랜드가 출시되고 얼마 지나지 않은 시점이라 브랜드 영향력이 없었으므로 SNS에서 이슈화할 수 있는 '무언가'가 필요했고 해당 쇼핑몰의 콘텐츠 발행을 담당하던 매니저가 제안한 소구 포인트는 '여성이 반응할 만한 남성의 손'이었다. 주요 타겟이 남성이었으므로 이들을 설득시킬 수 있는 접근이라는 생각을 했고, 매니저의 제안을 발전시키기 위해 남성의 손과 관련된 콘텐츠를 관찰하며 여성이 좋아하는 남성 손의 특징을 수집했다. 그리고 여성이 '손의 크기'와 '굵은 핏줄'에 반응한다는 것을 알 수 있었다.

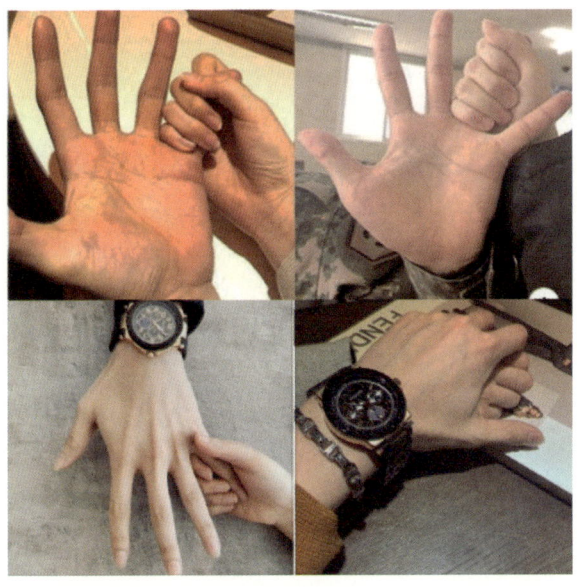

▲ 매니저가 수집한 손 이미지와 실제 광고 이미지

SNS에서 진행하는 광고의 장점은 어젯밤에 상상했던 콘텐츠에 대한 가설을 바로 실험할 수 있고 성과도 즉시 확인할 수 있다는 것이다. 여성이 반응하는 두 가지 손의 특징을 참고하여 손이 최대한 크고 핏줄이 부각된 모델을 섭외했고 30분 정도의 촬영 끝에 콘텐츠에 필요한 여러 개의 사진을 확보하여 즉시 광고를 집행했다. 이렇게 설계한 콘텐츠 가설은 우리의 노고를 배신하지 않았다. 광고 집행 이후 꽤 괜찮은 반응을 확보했고 매니저의 예상대로 콘텐츠를 마주한 여성은 사진 속 남성의 손에 반응하며 이를 주변에 널리 알리기 시작했다.

그러나 아쉽게도 이 콘텐츠로 예상했던 반응은 얻었지만, 그 반응이 매출로 이어지지는 않았다. 앞서 언급했듯이 콘텐츠 성과와 매출은 인과관계가 아니라 상관관계에 있다는 것을 보여주는 사례 중 하나였다. 물론 이 콘텐츠가 아무런 의미가 없었던 것은 아니다. 브랜드 영향력이 약한 제품임에도 불구하고 긍정적인 반응을 얻어, 제품 인지도를 높이는 데는 성공했다. 하지만 모든 광고주가 그렇듯 지속적으로 광고비를 투입하려면 매출이 발생해야 한다. 당시 우리에게는 즉각적인 '팔리는 콘텐츠'가 필요했기에 이 콘텐츠가 왜 매출로 이어지지 않았는지 분석해야 했다.

왜 팔리지 않았을까

대부분의 마케터가 SNS에서 가장 많이 하는 행동은 좋은 콘텐츠를 저장하는 것이다. 이 콘텐츠가 왜 성공했는지를 분석하는 과정에서 아이디어를 얻는 경우도 있고 조금만 응용하면 또다른 콘텐츠를 만들 수 있으므로 잘 만든 콘텐츠를 분석하는 것만큼 좋은 공부는 없다. 하지만 좋은 콘텐츠를 분석하는 것만큼 중요한 것은 실패한 콘텐츠를 분석하는 것이다. 잘 만든 콘텐츠에서 응용할 만한 요소를 발견할 수 있다면 실패한 콘텐츠에서는 해서는 안 될 접근법을 배워 반면교사를 삼을 수 있다. 실패한 콘텐츠 중에는 앞서 살펴본 시계 콘텐츠와 같이 콘텐츠의 반응만 좋을 뿐 판매로 이어지지 않은 사례도 포함된다. 시계 콘텐츠에서 배울 수 있었던 것은 '연관성'이다. 곱씹어보면 콘텐츠의 남성 손에 반응했을 뿐 정작 시계와 연관성이 부족했다. 이렇게 연관성이 부족했기 때문에 콘텐츠만 소비하고 고객이 떠났던 것이다. 즉 제품을 먼저 드러내지 않고 연관성 없는 스토리로 콘텐츠를 생산한다면 스토리만 소비하고 정작 제품은 팔리지 않는 상황이 발생한다.

어떻게 각인시킬 것인가

핵심 메시지의 중요성

    사람들이 유튜브, 인스타그램, 틱톡 페이지를 엄지손가락 하나로 수많은 콘텐츠를 쉴 새 없이 소비한다. 이렇게 엄지손가락을 움직이는 짧은 시간 안에 콘텐츠를 소비하는 상황에서 고객에게 우리 제품이나 브랜드를 각인 시키려면 그들의 기억에 남을 무언가가 필요하다. 이때 가장 중요한 것이 '핵심 메시지'다. 핵심 메시지는 제품이나 서비스, 브랜드 등을 대표하는 짧고 기억하기 쉬운 이미지 혹은 문구로, 'Just Do It!' 또는 'I'm Lovin' It'처럼 특정 브랜드를 언급하지 않아도 바로 해당 브랜드를 연상시키는 힘이 있다.

그렇다면 핵심 메시지가 가장 중요한 콘텐츠 형식은 무엇일까? 핵심 메시지는 영상보다 이미지로 제시했을 때 효과적이고 여러 장의 이미지와 정보를 나열하는 것보다 하나의 이미지와 함께 제시했을 때 그 효과를 극대화할 수 있다. 많은 마케터가 SNS의 배너 광고에 우리만의 차별화된 판매 요소를 어떤 기발할 핵심 메시지로 제시할 수 있는지를 고민한다.

내가 마케팅 강의에서 핵심 메시지를 가장 잘 실천한 사례로 소개하는 남자 속옷 콘텐츠가 하나 있다. 정작 제품의 이름이나 브랜드는 몰라도 대부분의 사람이 해당 이미지를 기억해 낸다. 그것은 바로 속옷 안에 손이 비치는 이미지인데, 손이 비칠 정도로 얇고 통풍이 잘되다는 것을 이미지 하나로 각인 시킨 사례다. 이렇게 특정 이미지를 통해 핵심 메시지를 적용하면 수많은 광고 중에서 고객의 관심을 단 번에 사로잡을 수 있다.

앞서 이미지로 핵심 메시지를 전달한 사례를 보았다면, 이번에는 문장으로 핵심 메시지를 만든 사례도 있다. 주로 여성이 구매하는 미백 화장품인데 해당 제품 카테고리에서도 제품을 고객들이 구매 전에 갖는 의문은 매우 단순하다. '정말 피부가 밝아질까?'라는 질문부터 '몇 통을 써야 효과를 볼 수 있을까?'라는 의문으로 이어진다. 이러한 의문이 해소되지 않으면 고객들은 쉽게 지갑을 열지 않는다. 이 브랜드는 '8일 만에 밝아집니다'라는 카피로 핵심 메시지를 만들어냈다. 이 문구는 고객들이 제품에 대해 느꼈던 불확실성을 명확하게 해결해 주었다. 이후, 후발업체들이 너도나도 'O일 만에 밝아집니다'라는 문구를 상세 페이지와 광고에 도배한 것을 보면, 이 메시지가 얼마나 탁월했는지 알 수 있다.

이런 독보적인 콘텐츠를 만들어내려면 우리 제품을 단 한 줄의 문장이나 한 장의 이미지로 각인 시킬 수 있는지를 고민해야 한다. 그리고 이를 통해 고객들이 느끼는 구매 장벽을 무너트릴 것인가를 실험해 보자. 특히나 판매하는 제품이 '고관여 제품'일 경우, 이러한 구매 장벽을 허무는 핵심 메시지가 더욱 중요하다.

> **TIP** 고관여 제품은 고객이 신중하게 고민하고 많은 정보를 검토한 후에 구매 결정을 내리는 제품을 의미합니다. 이런 제품은 보통 가격이 높거나, 성능·품질의 차이가 크고, 개인의 취향이나 필요에 따라 선택이 달라질 수 있는 경우가 많습니다. 대표적인 고관여 제품으로는 자동차, 노트북, 가구, 보험 등이 있습니다.

왜 나영석 PD의 프로그램은 죄다 컨셉이 똑같을까?

나영석 PD에게 배우는 콘텐츠 성공 방정식

어느 방송에 출연한 나영석 PD는 자신의 성공 비결로 지금까지 잘해 왔던 것에 변주를 주며 반복한 덕분이라고 말했다. 농담을 섞어 말했지만, 나영석 PD가 제작한 프로그램은 모두 높은 시청률을 유지하며 사랑받고 있다. 나영석 PD 스스로도 인정했듯이, 그는 시청자가 반응하는 지점을 영리하게 파악하고 조금씩 변화를 주며 지속적으로 사랑받는 콘텐츠를 제작하고 있다.

이러한 '한 우물 전략'은 광고 콘텐츠에서도 시도할 수 있다. 발행한 콘텐츠에 고객이 반응하는 지점을 발견하면 그 지점을 더 깊게 공략하는 것이다. 만약 비슷한 콘텐츠에 피로를 느낀다면 고객이 반응하는 기본 포맷은 유지한 상태에서 조금씩 새로운 시도를 하면 좋은 성과를 얻는 데 많은 도움이 된다.

마케터들은 콘텐츠를 발행하고 이를 다양한 매체에 노출시킨다. 그리고 반응이 좋은 콘텐츠에는 더 많은 예산을 투입하고, 반응이 없는 콘텐츠는 노출을 중단한다. 그러나, 반응이 있는 콘텐츠를 제대로 확장하는 마케터는 드물다. 반응 있는 콘텐츠를 효과적으로 확장하려면, 이 콘텐츠가 왜 반응이 있었는지를 연구하고 고찰해야 한다. 이유도 모른 채 단순히 콘텐츠를 확장하면, 그저 흉내내기에 그칠 수밖에 없다.

차량용 물티슈 제품을 예로 살펴보자. 여러 콘텐츠 중에서 반응이 좋았던 콘텐츠는 중고차 판매원 대부분이 이 제품을 사용한다는 내용의 영상이었다. 이 콘텐츠가 좋은 반응을 얻은 이유는 무엇일까? 중고차는 차량의 관리 상태에 따라 가격이 결정되며, 가격이 높게 책정될수록 판매원의 이익도 커진다. 판매원이 사용하는 제품이라면, 그 제품이 중고차 내부를 새 차처럼 깔끔하게 유지할 수 있다는 신뢰감을 줄 수 있는데 이러한 신뢰감이 고객에게 전달되어 구매로 이어진 것이다. 하지만, 콘텐츠가 신뢰감을 주는 이유도 제대로 파악하지 못한 채 비슷한 콘텐츠를 확장하기만 한다면, 고객의 구매로 이어지는 핵심을 놓치고 예산만 낭비하게 될 것이다.

이렇게 콘텐츠에 반응이 있는 이유를 정확하게 파악한다면, 우리도 한 우물 전략을 적용할 수 있다. 단순히 중고차 판매원을 넘어 외제차 판매원, 더 나아가 고급 외제차의 공식 판매원으로 콘셉트를 확장해 보면 어떨까? 일반 중고차보다 고급 외제차를 구매하는 고객들은 더 까다롭기 때문에 그들에게 만족을 주어야 하는 판매원은 차량 관리에 더욱 신경을 쓸 것이다. 이렇게 스토리와 키워드를 확장해 나간다면, 콘텐츠에 대한 반응은 더욱 긍정적일 것이다.

단일 이미지 콘텐츠의 활용 능력과 매출은 비례한다

제품 요약 능력이 콘텐츠 효율을 좌우한다

블로그를 운영하다 보면 재미있으면서도 뿌듯한 경험을 하게 되는데, 그것은 바로 내가 쓴 글이 포털 사이트의 메인 페이지에 노출되는 것이다. 포털 사이트의 메인 페이지에 노출되면 10~20만 뷰는 기본이고, 경우에 따라 50만 뷰에도 도달하게 된다. 나의 경우 자극적인 키워드가 포함된 글을 썼을 때 높은 확률로 메인 페이지에 노출되었다.

여성 패션 쇼핑몰의 SNS를 운영하면서 자연스럽게 들었던 궁금증은, 왜 의류를 소개하는 콘텐츠에서 여성들이 모델의 화장법을 묻는 댓글을 남길까 하는 것이었다. 더 고민하던 중 우연히 유명 의류 쇼핑몰을 관찰하게 되었는데, 그 쇼핑몰은 이러한 여성들의 궁금증을 반영해 화장품을 출시했고, 현재는 의류 매출을 화장품 매출이 따라잡고 있다는 사실을 알게 되었다. 포털 사이트의 메인 페이지에 노출된 글은 이런 인사이트를 바탕으로 작성한 칼럼이었다. 늘 느끼는 것이지만, '이유'라는 키워드가 포함되면 치트키라고 해도 될만큼 반응이 매우 좋았고, 메인 페이지에 노출될 확률도 높았다.

그런데 단일 이미지 콘텐츠가 뭘까

SNS에서도 이와 같은 치트키 콘텐츠가 있는데, 나는 이를 '단일 이미지 콘텐츠'라고 한다. 단일 이미지 콘텐츠는 이미지와 키워드로만 구성된 간결한 콘텐츠로, 포털 사이트에 게시된 광고 포맷을 살펴보면 그 개념을 쉽게 이해할 수 있다. 포털 사이트의 쇼핑 관련 페이지는 이미지 하나와 한 줄의 키워드만으로 경쟁이 이루어지는 '광고 전쟁터'라 할 수 있다. 대부분의 광고 제품이 간단한 포맷을 유지하고 있지만, 어떤 이미지와 키워드를 선택하느냐에 따라 하루의 트래픽과 성과가 크게 달라진다. 마찬가지로 SNS에서도 단일 이미지 콘텐츠를 잘 활용하면 빠르게 성과를 개선할 수 있다. 그렇다면 단일 이미지 콘텐츠는 어떻게 만들어야 할까?

▲ 단일 이미지형 콘텐츠 예시, 출처: 쿠프 홈페이지

본능을 자극하는 카피라이팅

좋은 카피라이팅은 뻔히 광고라는 걸 알면서도 사람들의 마음을 사로잡는 힘이 있어 본능을 자극할 수 있어야만 한다. '이성에게 어필하라', '숫자를 사용하라', '호기심을 불러일으켜라', '경각심을 자극하라' 등 매력적인 카피라이팅에 대한 다양한 법칙들이 있고, 실제로 이와 관련된 책들도 많이 나와 있다. 이런 법칙들을 참고하는 것도 좋지만, 직접 고민하며 광고 문구를 작성하고 실험해 보는 것이 더욱 효과적이다. 실험을 통해 쌓인 데이터를 활용해 나만의 전략을 세우는 것이 가장 현명한 방법이다.

그 중에서도 내가 실험을 할 때마다 특히 반응이 좋았던 카피라이팅 기법은 '이성 어필'이었다. 여성은 잘생긴 남성을 선호하고, 남성은 아름다운 여성을 선호한다. 마치 아름답거나 잘생긴 점원이 있는 식당이 인기인 것처럼 온라인에서도 잘 통한다.

▲ 속옷 브랜드의 단일 이미지 콘텐츠

위의 남성 속옷은 '여자친구가 자꾸 만지는 팬티'와 같은 자극적인 카피라이팅을 활용해서 실제 구매까지 일어난 콘텐츠이다. 길거리에 잘생긴 혹은 아름다운 이성이 지나가면 본능적으로 눈이 움직이듯 광고 콘텐츠도 본능적인 욕구를 자극하면 고객들이 움직인다. 특히나 단일 이미지 콘텐츠와 같이 단 하나의 이미지만으로 짧은 시간에 고객을 설득해야 하는 콘텐츠는 더더욱 이러한 본능을 자극할 수 있는 요소를 고민해야 한다.

　단일 이미지 콘텐츠는 영상이나 카드뉴스 형식의 콘텐츠와 달리 고객을 설득할 시간이 상대적으로 짧다. 단 한 장의 이미지로 고객을 사로잡아야 하기 때문에, '10초 안에 반드시 팔아야 한다'는 마음가짐으로 콘텐츠를 제작해야 한다. 이를 위해서는 제품의 장점을 간결하게 요약하는 능력이 필수적이며, 다양한 장점 중에서 무엇이 가장 효과적으로 고객을 설득할 수 있는지 꾸준히 실험해보는 과정이 필요하다. 우리는 여러 콘텐츠를 통해 고객이 반응하는 '최적화 문장'을 발굴해야 한다. 최적화 문장이란, 제품의 여러 장점 중 실제로 고객이 많이 클릭한 문장을 의미한다. 이러한 문장이 매출로 이어졌다면, 더 정교하고 효과적인 최적화 문장을 찾아낼 수 있다. 여기서 멈추지 않고, 최적화 문장이 어떤 이미지와 결합했을 때 가장 큰 설득력을 발휘하는지도 함께 고민해야 한다.

　예를 들어, 화장품의 최적화 문장이 '모공이 크고 많았던 딸기 같은 제 코에 쓱 바르기만 했더니 삶은 달걀처럼 매끈해졌어요'라면, 이 문장에 어울리는 매끄러운 피부의 인플루언서 모델을 등장시키거나, 실제 딸기 이미지를 활용해 자연스럽게 보여줄지 고민해야 한다. 최적화 문장을 가장 잘 표현할 수 있는 이미지를 선택하는 것까지가 콘텐츠 효율을 완성하는 중요한 단계이다.

이성적 콘텐츠 vs 감성적 콘텐츠

정말 아름다운 날이네요. 하지만 전 그걸 볼 수 없어요.

성분, 포장, 가격 등 제품의 경쟁력이 동일한 다이어트 식품을 판매할 때, 고객은 다음 중 어떤 메시지에 반응할까?

① 이거 먹고 살이 5kg나 빠졌어요.
② 남자친구가 너무 예뻐져서 걱정이라며 못 먹게 해요.

지금까지의 경험으로 볼 때, ②의 메시지로 발행한 콘텐츠가 월등히 좋은 반응을 얻었으며, 실질적인 전환율도 높았다. 물론 제품마다 차이가 있지만, 이성적으로 생각하면 짧고 강렬한 첫 번째 메시지의 콘텐츠가 좋은 반응을 얻어야 마땅하다. 다이어트에 효과가 있는 건강기능식품이므로 당연히 살이 빠진다는 메시지를 담은 콘텐츠가 반응이 좋아야 할 텐데 의아한 일이다.

이 대목에서 우리가 간과하는 것은 이성의 빈틈이다. 사람은 이성적인 순간에 판단을 하려고 한다. 쉽게 말해, 이성을 자극하는 순간 옳고 그름을 따지려고 한다는 것이다. 하지만 충동이 구매로 이어지는 SNS 채널에서는 이성을 자극하는 순간, 고객은 옳고 그름을 따지며 이탈할 가능성이 매우 높아진다. SNS 채널은 기본적으로 무엇을 구입해야 할지 먼저 고민하고 이용하는 계획 구매 플랫폼이 아니기 때문이다. SNS는 충동 구매 플랫폼이므로 고객의 이성을 자극하는 순간, '다이어트 제품 먹는다고 진짜 살이 빠진다고?', 'SNS에서 이런 제품 사서 한 번도 성공한 적 없었는데...', 또는 '요즘 기사에서 건기식 문제 많던데?'와 같은 다양한 고민을 시작하게 된다. 그리고 결국 이런 고민과 함께 고객이 이탈한 다음에는 쓰디쓴 광고 지표만 남게 될 것이다.

감성을 자극하는 메시지는 고객이 이성적으로 제품을 분석하기 전에 먼저 그들의 마음을 사로잡을 수 있다. 왜냐하면 감성적인 메시지는 고객의 공감을 얻고 그들을 움직이게 하기 때문이다. 고객들은 이성적인 설명을 듣기 시작하면, 그 설명이 왜 틀렸는지를 생각하며 반박할 준비를 한다. 반면, 감성적으로 설명하면 일단 그 내용을 받아들이며 듣게 된다.

대표적인 예로, 한 시각장애인 노숙자가 길거리에 앉아 도움을 요청하는 상황이 있다. 그는 종이 상자에 '나는 장님입니다. 도와주세요(I'm blind. Please help)'라고 적어 놓았지만, 아무도 그를 도와주지 않았다. 그러던 중 지나가던 한 사람이 종이 상자의 문구를 '정말 아름다운 날이네요. 하지만 저는 그걸 볼 수 없어요(It's a beautiful day and I can't see it)'로 바꾸어 주었고, 그 순간부터 사람들은 그에게 많은 동전을 주기 시작했다.

그렇다고 이성적인 접근이 전혀 필요 없는 것은 아니다. 감성적인 콘텐츠로 상세 페이지에 유입된 고객에게는 이성적인 정보도 필요하기 때문이다. 먼저 감성적으로 접근해 고객의 마음을 사로잡은 이후에 이성적인 정보를 제공하면 만족스러운 구매 결과를 얻을 수 있다. 즉, 감성적인 설득에서 이성적인 설득으로 이어지는 순차적인 접근이 고객에게 더 자연스럽게 다가갈 수 있다.

줄 서는 대박집이 계속 잘 되는 이유

파워 콘텐츠의 비밀

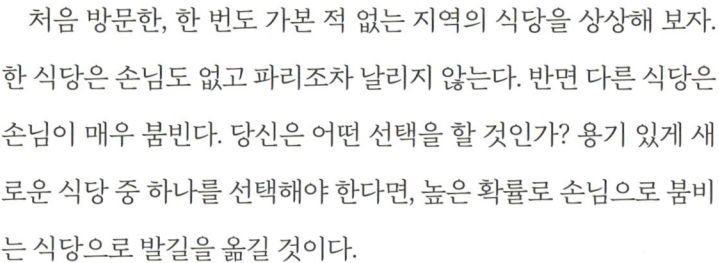

    처음 방문한, 한 번도 가본 적 없는 지역의 식당을 상상해 보자. 한 식당은 손님도 없고 파리조차 날리지 않는다. 반면 다른 식당은 손님이 매우 붐빈다. 당신은 어떤 선택을 할 것인가? 용기 있게 새로운 식당 중 하나를 선택해야 한다면, 높은 확률로 손님으로 붐비는 식당으로 발길을 옮길 것이다.

    단순하지만, 손님이 하나도 없는 식당을 본다면 뇌는 자연스럽게 이곳은 피해야 한다는 신호를 보내고, 손님으로 붐비는 식당을 본다면 이곳은 신뢰할 만하다는 신호를 보낸다. '여기 도대체 얼마나 맛집이길래 이렇게 사람이 많을까?'라는 희망과 함께 손님이 많은 식당은 이미 검증되었다고 생각하게 된다.

<설득의 심리학>의 저자로 유명한 로버트 치알디니 교수는 이러한 판단 현상을 '사회적 증거(Social Proof)'라고 설명한다. 사람들은 무언가를 믿거나 어떻게 행동할지 결정할 때 다른 사람들을 살펴보고, 많은 사람이 하는 것을 그대로 따라 하는 경향이 있다는 것이다. 예를 들어, 베이징 식당의 실험에서는 식당 종업원이 손님에게 '이 음식이 우리 식당에서 가장 인기 있는 음식입니다'라고 추천했을 때와 아무런 말없이 음식을 추천했을 때, 인기 있다고 말한 음식을 13~20% 더 선택했다고 한다. 사람들은 불확실성에 직면할 때 타인을 관찰하고 모방하려는 경향이 있다.

수많은 SNS 게시물 중 좋아요, 댓글, 공유가 많은 게시물은 붐비는 식당과 같다. 이러한 콘텐츠는 많은 사람이 왕래하는 먹자골목의 맛집과 같이 SNS 채널에서 사회적 증거로 판명된 파워 콘텐츠이다. SNS 사용자는 파워 콘텐츠를 발견했을 때 보다 적극적으로 반응하며 좋아요, 댓글, 공유 버튼을 클릭한다. 이러한 반응이 누적되면 구매 전환율도 높아지는데, 파워 콘텐츠를 소비한 고객은 이곳에서 판매하는 제품이 많은 사람에게 인기 있는 제품이라는 인식을 가지게 된다. 그리고 필요한 순간이 찾아오면 자연스럽게 자신이 소비했던 채널이나 콘텐츠를 떠올리고 해당 제품을

검색하게 될 것이다.

　방문한 적은 없지만 손님이 붐비는 식당을 맛집이라고 생각하는 것처럼, SNS의 파워 콘텐츠도 많은 사람이 반응했다는 사실만으로도 해당 제품이나 서비스에 관심 있는 친구를 태그하거나 궁금증을 참지 못하고 사이트를 방문하게 된다. SNS에서 만난 파워 콘텐츠는 해당 제품을 소비해야 할 당위성을 높이므로, 마케터가 파워 콘텐츠를 생산하고 관리해야 하는 것은 너무 당연한 일이다.

광고 매체의 입맛을 알면 광고 효율이 높아진다

광고 효율이 좋은 이유를 파악하면 매출이 따라온다

'CPM', 'CPC', 'CTR', 'CVR', 'ROAS'는 광고를 집행한 마케터가 자주 확인해야 하는 지표다. 이 지표 중 매체가 무엇을 원하는지 힌트를 주는 지표는 CTR이다. CTR은 클릭률로 '광고 클릭 횟수 ÷ 총 노출 횟수'로 계산한다. CTR이 높을수록 노출된 사람들 중 콘텐츠를 직접 클릭하는 사람들의 비율이 높았다는 것을 의미하는데 이는 매체가 좋아하는 콘텐츠를 만들었다는 의미이며, 매체가 좋아한다는 것은 해당 매체에 모인 사람들도 좋아하는 콘텐츠라고 해석할 수 있다.

> **TIP** CPM은 'Cost per mile'의 줄임말로 광고가 1,000회 노출될 때마다 지출되는 비용을 의미하며, 주로 브랜드 인지도를 높이는 광고 캠페인에서 활용됩니다. CPC는 'Cost per click'의 약자로 광고가 클릭될 때마다 발생하는 비용을 나타냅니다. CTR은 'Click through rate'의 줄임말로 광고 노출 대비 클릭률을 뜻하며, 광고의 관심도나 흥미를 측정하는 중요한 지표입니다. CVR은 'Conversion rate'의 약자로 광고 클릭 수 대비 실제 전환율을 의미하며, 광고의 실질적인 성과를 나타내는 핵심 지표입니다. ROAS는 광고 대비 수익률(Return on Advertising Spend)의 약자입니다.

내가 진행했던 광고 중 CTR이 10%에 달하는 콘텐츠가 있었다. 이 광고는 호기심을 자극하는 문구와 설득력 있는 제품 소개 덕분에 전환 성과도 뛰어났는데 정작 이런 성과보다 궁금했던 것은 수많은 매체 중 왜 특정 매체에서 유별나게 좋은 성과를 거둘 수 있었는 지였다. 특정 매체에서 성과가 좋은 이유를 알게 되면 더욱 효율을 높일 수 있기 때문이다.

성과가 좋았던 매체의 특성을 분석하면 기존의 강점을 유지하면서도 다양한 변화를 시도할 수 있다. 또한, 특정 매체에서 성공을 거둔 광고가 다른 매체에서도 동일한 성과를 낼 수 있는지 실험해 볼 수도 있다. 사람들의 공감을 불러일으키는 요소는 본질적으로 크게 다르지 않기 때문에, 실험 결과 대체로 유사한 반응을 얻는 경우가 많다. 하지만 실험과 별개로 각 매체의 특성에 맞게 콘텐츠를 변환하는 작업은 반드시 필요하다

예를 들어, 인스타그램에서 집행한 콘텐츠에 대한 반응이 좋았던 이유가 특정 이미지 때문이라면, 그 이미지는 그대로 유지하되

광고 문구나 이미지 배치를 변경하는 방식으로 변주를 시도할 수 있다. 사람들이 공감한 핵심 요소를 유지하면서도 다양한 변화를 주는 것이다. 이렇게 비교적 간단하게 광고 문구와 이미지 배치만 달리해도 사람들은 이를 전혀 다른 콘텐츠로 인식한다. 이후, 이 콘텐츠를 구매 전환율이 높은 매체로 옮겨 실험했을 때도 반응이 좋다면, 기존의 긍정적 요소인 이미지를 유지하면서도 다양한 변주를 통해 다른 매체로 확장할 수 있다.

▲ 보정속옷 인스타그램 광고 콘텐츠

여자 보정 속옷에 대한 다양한 콘텐츠를 실험하던 도중 위의 콘텐츠에서 구매 전환 성과가 나오는 것이 확인됐다. 이 이미지가 확인되자마자 바로 다음 이미지의 콘텐츠를 투입시켰고 역시나 반응이 바로 나오기 시작했다. 이와 같이 특정 매체에서의 특정 콘텐츠가 효율이 나온다면 즉각적으로 변주하여 광고를 집행하면 꽤 빠른 시일내에 성과를 맛볼 수 있다.

매체마다 선호하는 스타일이 다르다는 점은 두 가지 중요한 시사점을 제공한다. 첫째, 어떤 요소가 좋은 반응을 이끌어내는지 구체적으로 파악함으로써 콘텐츠를 더 정교하게 다듬을 수 있다는 것이다. 둘째, 좋은 반응을 얻은 요소를 유지하고 확장함으로써 '이 광고, 어디서 본 것 같은데?'라는 기시감을 유발해 광고를 다시 한번 상기시키고, 이로 인해 두 배의 효과를 얻을 수 있다는 점이다. 반응이 좋았던 요소를 꾸준히 활용하면 고객이 자연스럽게 그 광고를 기억하게 된다.

고객이 까다로운 이유는 그들의 취향을 제대로 파악하지 못했기 때문일 수 있다. 하지만 어렵게라도 까다로운 고객의 입맛을 알아내어 만족시킨다면, 그다음은 상대적으로 수월하다. 특정 매체가 까다롭다고 느껴진다면, 매체의 선호를 고민하고, 그 매체가 좋아하는 스타일을 찾아보는 것이 중요하다. 콘텐츠 실험을 반복할수록 까다로운 매체의 취향을 점차 구체적으로 파악할 수 있을 것이다.

콘텐츠 3할 타자가 되려면?

타율 높은 마케터는 고객 키워드 발굴한다

프로야구에서 타자의 가치는 타율로 결정된다. 보통 3할 타자라면 매우 좋은 성적의 타자라고 할 수 있는데, 이는 타석에 10번 등장했을 때 3번 안타를 친다는 의미이다. 하지만 야구에 관심이 없는 사람이라면 10번 중 3번 안타를 치는 것이 얼마나 대단한 일인지 의아해할 수 있다. 야구는 타자와 투수의 대결이 주를 이루는 경기로, 투수 역시 전문 선수이기 때문에 투수가 던지는 공을 정확히 쳐 내는 것은 매우 어려운 일이다. 투수는 시속 150km가 넘는 빠른 공, 급격히 꺾이는 변화구 등 다양한 구질을 던지며 타자를 압박한다. 타자는 투수가 던지는 공의 속도와 방향을 읽어내고, 정확한 타이밍에 배트를 휘둘러야 한다. 타율 3할은 반대로 말하면 10번 타석에 서서 7번은 아웃된다는 것을 뜻한다. 이렇게 투수가 던지는 공을 정확하게 쳐 내는 것은 매우 어려운 일이다.

광고는 고객과 마케터의 싸움이다. 10개의 콘텐츠를 발행했을 때 3개의 콘텐츠에 좋은 반응이 있다면 능력 있는 마케터라고 할 수 있다. 잘 나간다는 광고 대행사도 10개의 콘텐츠를 발행했을 때 1개의 콘텐츠조차 효율을 내기 어려우니 말이다. 그렇다면, 콘텐츠 3할 타자의 기본 소양은 무엇일까?

콘텐츠 3할 타자의 기본 소양은 단연 콘텐츠를 잘 만드는 것이다. 그리고 좋은 콘텐츠를 생산하는 다양한 방법 중 가장 기본이 되어야 할 능력은 고객 키워드와 콘텐츠를 발굴하는 능력이다. 콘텐츠 발굴 능력이란 고객이 원하는 키워드를 찾아내고 이를 효과적으로 반영하는 능력을 말한다. 쉬운 예로, 피부가 밝아지는 남성 화장품이라면, 이 화장품의 강조점은 단연 피부 개선 효과다. 제품을 직접 만든 사람은 대부분 이런 기능을 부각시키려 할 것이다. 이 제품을 사용하면 피부가 좋아진다거나 피부가 밝아진다는 식으로 메시지를 전달한다. 하지만 이렇게 1차원적으로 피부 개선에 도움이 된다는 메시지로 좋은 콘텐츠 성과를 만들어 낼 가능성은 낮다.

앞서 설명한 메시지는 판매자의 관점에서 제시하는 키워드다. 남성 뷰티 크리에이터가 점점 많아지는 추세지만, 실제로 대부분의 한국 남성은 아직까지 화장한 남성에 대한 인식이 좋지 않다. 이들이 선호하는 메시지는 리뷰에서 발굴할 수 있다. '티가 나지 않게 피부가 밝아졌다'거나 '주변에서 피부가 갑자기 좋아졌다는 말을 듣는다' 등의 리뷰가 압도적으로 많은데 이런 고객 키워드를 무시한 채 지속적으로 기능 중심의 키워드만 제시한다면 광고비 대비 수익률을 하향 곡선을 그릴 것이다.

고객이 제품을 통해 얻는 가치와 판매자가 예상한 가치가 같을 수 있으나, 그 가치를 표현하는 키워드는 크게 다르다. 따라서 고객의 피드백을 분석하고 반영하는 것은 매우 중요하다. 콘텐츠 3할대 마케터가 되려면 <u>고객이 제품을 사용하며 무엇을 이야기하고 있는지 주의 깊게 관찰하고, 제품이 노출되는 구매 여정의 각 단계에 고객이 소비할 수 있는 키워드를 적절히 배치해야 한다.</u>

100명 중 10명을 사로잡았다면
일단 성공입니다

상세 페이지 전환율 전략

광고 효율은 나쁘지 않지만 매출이 저조하다면, 상세 페이지를 살펴보자. 내가 쇼핑몰의 매출 개선 프로젝트를 진행하면 가장 많은 피드백을 주는 부분도 상세 페이지다. 상세 페이지는 고객에게 우리 제품을 명확하게 전달할 수 있는 최적의 공간이다. 이곳의 제품 설명이 빈약하거나 고객의 관심을 끌지 못하면, 아무리 광고에 많은 비용을 들여도 효과가 없다. 광고로 흥미를 유발할 수 있지만, 상세 페이지가 매력적이지 않다면 정작 유입은 되더라도 구매로 이어지지 않는다.

그렇다면 우리의 상세 페이지가 매력적인지는 어떻게 알 수 있을까? 이럴 때는 상세 페이지 전환율을 살펴보면 된다. 상세 페이지로 전환된 고객 중 얼마나 실제로 구매했는지 알면, 전환율을 통해 상세 페이지의 매력도를 파악할 수 있다. 카페24와 같은 플랫폼에서는 전환율 데이터를 간편하게 확인할 수 있으므로, 상세 페이지를 수정하며 전환율의 변화를 비교하면 상세 페이지의 매력도를 알아볼 수 있다. 이러한 상세 페이지의 매력도와 전환율의 개념을 이해했다면, 이제 매력적인 상세 페이지를 만들기 위한 몇 가지 본질적인 관점을 장착해야 한다. 그리고 이 관점을 바탕으로, 100명 중 10명이 구매할 정도의 매력을 갖춘 상세 페이지를 만들기 위한 시행착오를 시작해야 한다.

랜딩 페이지가 열리자마자 광고는 시작된다

광고를 보고 쇼핑몰에 유입된 고객이 가장 먼저 살펴보는 영역은 상세 페이지이다. 대부분의 마케터가 광고를 진행할 때 쇼핑몰의 메인 페이지보다는 상세 페이지를 랜딩 페이지로 설정한다. 광고로 유입된 고객이 제품을 바로 구매할 수 있는 상세 페이지로 연결해야 이탈률도 낮아지기 때문이다. 첫 만남에서 상대방의 인상을 결정하는 데 걸리는 시간은 약 10초 정도다. 광고를 보고 상세 페이지로 유입된 고객에게 신뢰감을 주려면, 상세 페이지의 상단에 중요한 정보가 담긴 이미지를 배치해야 한다.

다음의 왼쪽 이미지는 단순히 보정 속옷을 연상시키는 제품 사진만 배치되어 있다. 고객은 제품 사진만 보고 구매를 결정하지 않는다. 오른쪽 이미지의 경우, 몸매가 돋보이는 여성의 사진과 후기를 배치하여 제품을 더욱 매력적으로 느낄 수 있도록 변경하였다. 상세 페이지 중에서도 가장 위에 배치한 이미지는 고객이 원하는 정보를 바로 제공할 수 있도록 엄선하자. 그리고 이 이미지를 엄선할수록 고객에게 신뢰를 줄 수 있다. 고객에게 신뢰감을 줄수록 구매 전환율은 높아진다.

▲ 상세 페이지 상단 이미지 수정 전/수정 후, 출처: 글램모먼트 홈페이지

상세 페이지 전환율을 움직이는 변수

상세 페이지 전환율이 상승한다는 것은 고객이 상세 페이지에 설득되어 최종 구매로 이어질 가능성이 높아진다는 것을 의미한다. 상세 페이지 전환율을 높일 수 있는 변수에는 여러 가지가 있다.

앞서 언급한 상단 이미지도 주요 변수 중 하나이다. 이외에 고객을 설득시켜 상세 페이지 전환율을 높일 수 있는 또 다른 변수는 상세 페이지의 논리 구조이다. 우리가 만드는 상세 페이지는 결국 고객에게 제품을 판매하기 위해 만드는 것이므로, 고객이 제품을 구매할 만한 탄탄한 논리가 제시되어야 하는데, 이런 논리 구조를 만드는 방법은 의외로 간단하다.

첫 번째, 상세 페이지에는 고객이 공감할 수 있는 내용을 담아야 한다. 많은 사람이 모인 자리에서 다양한 이야기가 오가지만, 관심이 없다면 주의 깊게 듣지 않을 것이다. 그런데 최근 이별을 경험한 사람이 멀리서 누군가 어제 이별을 했다는 이야기를 들으면 '어? 이거 내 이야기인데?'라는 공감이 생겨 자연스럽게 귀를 기울이게 된다. 상세 페이지에서도 이처럼 고객이 '내 이야기'라고 느낄 수 있는 상황을 제시해야 한다.

상세 페이지에 유입된 고객이 스크롤을 내리며 상세 페이지를 살펴볼 때, '이건 내 이야기다'라고 공감할 수 있게 하려면 먼저 고객 페르소나를 구체적으로 설정해야 한다. 예를 들어, 판매하는 제품이 시원하고 편안한 남성 속옷이라면, 단순히 남성을 대상으로 하기보다는 '주말 대낮에 2~3시간씩 자전거를 타는 40대 남성'처럼 보다 세밀한 페르소나를 설정해야 한다. 그 후 '햇빛이 쨍쨍한 낮에 자전거를 타다 보면 이런 불편함이 있지 않나요?'와 같은 문구로 타겟과 공감대를 형성하는 방식으로 접근하는 것이다.

두 번째, 상세 페이지에는 고객이 공감할 수 있는 문제 상황을 담아야 한다. 이때 문제점은 구체적일수록 더욱 효과적이다. 주말마다 자전거를 즐기는 고객이 실제로 겪을 수 있는 상황을 떠올리며, 이를 잘 표현한 문구와 이미지를 제시하는 것이 중요하다. '한낮에 자전거를 조금만 타도 땀이 나서 불편하지 않으셨나요?' 또는 '자전거를 타다 보면 속옷이 위로 말려 불편했던 경험이 있으셨죠?' 같은 문구와 이미지를 통해 고객의 불편함을 정확히 저격해야 한다.

세 번째, 제품의 장점을 확실하게 담아야 한다. 고객이 겪는 문제를 해결할 수 있는 것이 바로 우리 제품이라고 주장하는 것이 핵심이다. 단순히 장점만 나열하기보다는, 그 장점에 대한 근거를 제시하면서 더 설득력 있게 부각시키는 것이 중요하다. 예를 들어, 우리 제품이 특별한 소재의 원단을 사용하여 고객의 불편함을 어떻게 해결할 수 있는지, 고객이 만족하고 쉽게 이해할 수 있도록 설명하는 것이 필요하다.

'우리 제품은 통기성이 뛰어난 소재를 사용했습니다'라고 단순히 장점을 나열하는 것보다는, '우리 제품은 통기성이 뛰어난 냉감 원단을 사용합니다. 실제로 제품을 사용한 고객들은 세탁 후

잠깐 자리를 비웠다 돌아왔을 때 이미 제품이 말라 있을 정도로 통기성이 뛰어나다고 말씀하십니다'처럼 장점을 고객이 직접 느낄 수 있는 근거와 함께 주장하는 것이 더욱 효과적이다.

공감, 문제 상황, 장점 주장 이 세 가지는 상세 페이지 전환율을 높이는 핵심 변수이다. 그리고 이 세 가지 변수를 뼈대로 내용을 지속적으로 보완해 보자. 가령, 여기서 예로 든 남성 속옷의 문제 상황이 자전거를 타는 상황이었다면 골프, 등산 혹은 직장에서 오래 앉아 있는 상황 등 고객 페르소나가 더 공감하고 몰입할 만한 상황들에 대한 고민이 필요하다. 이렇게 계속 상세 페이지를 바꾸면서 실험해야 결국 상세 페이지 전환율 상승 그래프를 만날 수 있다.

상세 페이지와 리뷰의 연관성

리뷰는 상세 페이지에서 전환율을 높이는 데 빠질 수 없는 요소다. 상세 페이지를 꼼꼼히 살핀 고객은 자신의 구매가 합리적인지 검증하기 위해 다른 고객의 리뷰를 참고한다. 리뷰 영역에는 단순히 리뷰가 많은 것보다 우리가 설계한 상세 페이지와 연관성 높은 리뷰가 있어야 한다.

남자 속옷을 예로 상세 페이지에서는 지속적으로 시원하고 편하다라는 것을 강조했는데 다른 쇼핑몰에는 없는 사이즈가 있어 좋다라는 리뷰만 있다면 구매를 결심을 하고 리뷰를 살펴보던 고객은 상세 페이지에서 강조하고, 고객이 상상했던 제품의 장점이 아니기 때문에 이탈해 버리고 말 것이다. 그래서 상세 페이지와 연계된 리뷰 영역에는 상세 페이지에서 강조한 장점과 연관성 높은 리뷰가 있는지 점검해야 한다. 만약 고객이 남긴 리뷰가 상세 페이지에서 주장하는 장점에 힘을 실어 줄 수 있는 리뷰가 아니라면 상세 페이지를 수정해야 한다. 우리가 강조하는 제품의 장점과 고객이 생각하는 장점이 다를 수 있기 때문이다.

알고 따라해야
성공합니다

100% 환불 정책의 100% 활용법

'100% 환불해 드립니다'는 이제 상세 페이지에서 빠지면 아쉬운 문구이다. 거의 모든 쇼핑몰이 이 정책을 시행하고 있으며, 어느 순간부터 너도나도 환불 정책을 도입하기 시작했다. 그렇다면 100% 환불 정책은 왜 필요할까? 단순히 잘 나가는 쇼핑몰이 시행한다고 해서 따라해야 하는 걸까? 아니면 이 정책을 도입하면 정말로 구매 전환율이 올라가는 걸까? 제대로 된 100% 환불 정책을 시행하기 위해서는 알아야 할 몇 가지 중요한 사실들이 있다.

▲ 100% 환불 콘텐츠, 출처: 쿠프 홈페이지

충동 구매의 한계

충동 구매는 말 그대로 충동적으로 구매하는 행위다. 쉬운 예로, 쿠팡은 목적 구매 플랫폼, 쇼핑몰은 충동 구매 플랫폼으로 구분할 수 있다. 고객들이 무엇을 구매해야겠다는 목적을 가지고 플랫폼에 진입하는지, 혹은 그런 생각이 없었다가도 특정 광고를 보고 충동적으로 플랫폼에 진입하는지에 따라 그 성격이 달라진다. 일반적으로 쇼핑몰은 퍼포먼스 광고 매체를 통해 순간적으로 콘텐츠로 설득해 충동 구매를 유도하는 플랫폼이다.

충동 구매의 명확한 한계는 광고가 중단되는 순간, 매출도 사라진다는 것이다. 그렇기 때문에 광고를 유지하는 상태에서 고객이 쇼핑몰로 유입되었을 때 구매해야 할 이유가 넘쳐나야 한다. 매 순간의 신뢰감을 주지 않는다면 매출을 만들어낼 수 없으며 이 한계를 극복해 나가는 도구 중 하나로 100% 환불 정책을 운영하는 것이다. 평소에 알지도 못했던 제품을 광고를 통해 접한 뒤에 구매하는 고객의 불안을 조금이나마 잠재우기 위한 방법이기도 하다.

100% 환불 정책이 충동 구매로 유입되는 고객이 느끼는 '불안'을 해소해 주는 도구라는 사실을 알았다면 이제 100% 환불만을 고집할 필요가 없어졌다. 더 나아가 100% 환불 정책을 시행했지만 정작 구매 고객 중 하나도 환불을 하지 않았다는 이미지를 배치해 볼 수 있다. 모든 일이 그렇듯 '왜'를 이해하는 순간 얼마든지 응용할 수 있다.

환불 배너는 브랜딩 영역이다

'제품 효과가 없으면 100% 환불해 드립니다!'는 통상적인 환불 배너의 문구다. 그런데, '제품 효과'는 어떻게 검증할 수 있을까? 문구를 본 고객들도 '그냥 마케팅이네' 정도로 생각하며 스크롤을 내릴 것이다. 광채가 나는 화장품의 경우, 통상적인 환불 문구와 '바른 후 10분 내에 광채가 나지 않으면 100% 환불'이라는 문구 중 어느 문구를 신뢰할까? 여기에 제시할 수 있는 임상 실험 결과를 덧붙이면 금상첨화다.

여기서 꼭 알아야 할 것은 이런 환불 문구로 홍보라하는 것이 아니라 단순한 환불 문구 조차 정보 전달 수준에서 그치면 안 된다는 것이다. 효과를 확신한다는 정보 전달과 더불어 정말 전달하고 싶은 메시지를 제대로 전달해야 한다. 그리고 이 제품 메시지에는 흔히 말하는 '셀링 포인트', 즉 제품이 잘 팔 수 있는 스토리나 카피가 녹아 들어가면 더 좋다.

환불 과정에서의 고객 관계 구축

환불 배너만을 예로 들자면, 실제로 많은 쇼핑몰이 환불률을 걱정하며 환불 배너를 망설인다. 하지만 경험상 환불 배너를 배치하더라도 기존 환불률과 크게 차이가 나지 않는다. 다만, 환불 배너를 악용하는 블랙 컨슈머를 조심해야 한다. 이 모든 것을 고려하더라도 환불 배너를 배치했다고 해서 환불률이 높아지지는 않는다. 실제로 환불이 발생하더라도 오히려 이를 잘 활용하는 방법을 고민하는 것이 낫다. 환불 과정이 원활했다면 고객에게 만족감을 주어 추가 구매를 유도할 수도 있다.

아마존의 경우 프라임 워드로브(Prime Wardrobe)라는 환불 정책을 운영하는데, 이는 아마존 프라임 회원만을 위한 서비스다. 아마존에서는 고객이 의류, 신발, 액세서리 등의 패션 아이템을 직접 착용해 보고 구매를 결정할 수 있는데 아마존 프라임 고객은 구매한 아이템을 7일 동안 착용해 보고, 마음에 드는 제품만 구매할 수 있으며, 나머지는 무료로 반품할 수 있다. 또한, 편리한 반품을 위해 아마존에서 무료 반품 라벨과 포장재를 제공한다. 아마존은 이 환불 정책으로 고객 이탈을 막고 충성 고객을 확보하고 있다. 이러한 관점에서 환불 정책을 운영하면 정보 전달 외에도 부가적인 성과를 거둘 수 있다.

제품 카테고리별
콘텐츠 접근법은 다르다

다른 쇼핑몰 성공에 현혹된다면 하수입니다

이커머스 업계에 있다 보면 하루에도 몇 번씩 어디서 이런 콘텐츠로 대박을 터뜨렸다는 이야기를 듣게 된다. 이런 소식을 들을 때마다 '나도 한 번 따라해 볼까'라는 생각을 하게 되지만, 겉만 보고 따라 해서는 성과가 나올 리 만무하다. 단순히 무엇 때문에 좋은 성과를 얻었다는 것은 소문을 퍼뜨리는 개인의 생각일 수도 있고, 결과론적인 이야기만 접하기 때문에 그 성과를 얻기까지의 과정은 생략되기 마련이다.

이럴 때는 다른 마케터가 어떤 콘텐츠를 생산하는지 엿보는 것보다 본질적으로 제품마다 접근법이 다르다는 것을 상기해야 한다.

남들이 무엇을 더 잘하고 있는지에 현혹될 것이 아니라, 이러한 소식과 제품마다 접근법이 다르다는 것을 되새기며 나만의 정공법을 만드는 것이다. 여기서는 지금까지의 경험으로 정리한 노하우를 아낌없이 풀어본다.

패션 쇼핑몰

감각적인 콘텐츠가 잘 팔린다. 여기서 감각적인 콘텐츠란 카드뉴스나 영상 콘텐츠가 아니라 '옷'이 주인공인 콘텐츠를 말하는 것이다. 특히, SNS의 모인 까다로운 사용자의 간택을 받기 위해서는 기본 제품보다 선명하고 강렬한 색상이나 기본 제품에 특징이 부각된 옷을 전면에 내세운 콘텐츠의 타율이 높았다. 실제로 의류 쇼핑몰의 효자 아이템은 흰 티셔츠 같은 기본 제품이지만, SNS 사용자의 눈길을 사로잡아 유입까지 이끄는 옷에는 형용하기 어려운 제품만의 특별함이 포함되어 있었다.

화장품 쇼핑몰

색조 화장품부터 알아보자. 좋은 반응을 얻었던 콘텐츠는 대체로 시각적인 요소가 강조된 콘텐츠였다. 예를 들어, 립스틱의 경우 입술이 강조된 콘텐츠가 대체로 반응이 좋았다. 기능을 강조하는 쿠션 등의 콘텐츠도 사용 전/후가 극명하게 대비되는 콘텐츠의 반응이 좋았다. 이러한 콘텐츠는 수많은 게시물 중에서 눈에 띄어 고객을 빠르게 설득시키는 데 효과적이다.

시각적인 요소를 강조하기 어려운 기초 화장품의 경우, <u>단순히 기초 제품만 사용해도 피부가 좋아진다는 식의 콘텐츠는 오히려 고객의 반발심을 일으킬 수 있다.</u> 이보다는 색조 화장품을 함께 제시하며, '화장이 잘 된 이유는 기초 제품 덕분'이라는 식의 설득 방법이 더 효과적이다. 또한, 햇볕이 강한 시간에 야외활동을 하여 피부가 붉어진 경우, 기초 제품으로 관리해야 한다는 등 특정 상황에서 기초 제품의 필요성을 제시하는 것도 좋은 방법이다. 다시 한 번 강조하지만, 무리하게 기초 제품 사용 전후만을 부각시키면 고객의 반발심을 불러일으킬 수 있다.

생활용품 쇼핑몰

생활용품은 말 그대로 우리의 생활 속에서 늘 사용하는 제품이다. 일상 생활에 꼭 필요한 제품이 대부분이므로 구매 빈도가 높지만 그만큼 대체 제품이 매우 많아 장단점이 분명하다. 그러므로 생활용품은 고객에게 제품이 필요한 상황을 상기시키는 것은 물론 대체 제품보다 좋다는 것을 소구해야 한다.

예를 들어, 물티슈로 아이 장난감을 닦아주는 부모에게 천연 성분으로 만들어 안전하다는 메시지를 전달하려면, 세균이 많은 장난감을 보여주고 천연 성분으로 만들어 안전하다는 메시지를 제시하여 일상에서 물티슈가 필요한 순간과 다른 제품보다 좋은 점을 동시에 전달할 수 있다.

이미 이러한 노하우로 생산된 콘텐츠가 축적되어 있다면, 기존의 콘텐츠를 다양한 방향으로 응용할 수 있다. 이제 사업을 시작하는 업체라면, 여기서 소개한 방향의 콘텐츠를 그대로 생산해 보자. 모방은 창조의 어머니라는 점을 명심하고 계속해서 콘텐츠를 생산하다 보면, 언젠가는 팔리는 콘텐츠를 만들 수 있을 것이다.

건강식품 쇼핑몰

건강식품 콘텐츠에서 중요한 것은 안정성과 신뢰도이다. 안정성의 경우, 직접 섭취하는 것이므로 마음 놓고 먹을 수 있다는 메시지를 전달해야 한다. 수많은 건강식품 콘텐츠에 의사, 한의사, 약사가 등장하는 이유가 바로 여기에 있다. 그리고 과학적인 근거를 제시하거나 신뢰도를 높이기 위해 고객에게 상징적으로 안정성을 보여줄 수 있는 전문가와 제품을 함께 출시하거나, 연예인을 모델로 등장시키기도 한다. 건강과 직결되는 전문가나 운동선수를 전면에 내세운 콘텐츠 제작이 어렵다면, 논문 등을 제시하여 우리 제품이 안전하다는 과학적인 근거를 제시하자.

건강기능식품의 원료는 '고시형' 원료와 '개별인정형' 원료, 크게 두 가지로 구분한다. 고시형 원료는 "건강기능식품 공전"에 등재된 기능성 원료로, 현재 약 90종이 등재되어 있다. 개별인정형 원료는 "건강기능식품 공전"에는 등재되지 않았지만, 식품의약품안전처장이 개별적으로 안정성과 기능성을 인정한 원료이다. 이 원료는 안정성, 기능성, 기준 및 규격에 관한 평가를 통해 인정받은 업체만 제조할 수 있으며 이 성분으로 만든 건기식만 광고할 수 있다. 고객에게도 콘텐츠에 이런 성분과 안정성을 확실하게 제시하자. 특정 건강기능식품 쇼핑몰은 특허받은 원료 하나로 대대적인 마케팅을 펼치기도 한다.

4

이커머스 신분 상승 전략, SNS 마케팅!

SNS에서 제품을 사고 파는 이유 그리고 잘 파는 방법

SNS 마케팅은 이제 거스를 수 없는, 매출을 위해서는 반드시 실행해야 하는 주요 사항이 되었습니다. 이번 장에서는 SNS 플랫폼의 알고리즘부터 지금까지의 경험을 바탕으로 SNS 채널을 운영하는 데 있어 꼭 필요한 실무적인 노하우를 제공합니다. 그리고 현재의 SNS 플랫폼을 좀 더 명확하게 이해하기 위해 지금까지 SNS 플랫폼이 어떻게 진화해 왔고 사람들이 SNS 플랫폼에서 제품을 구매하는 이유 등의 본질적인 이야기도 담았습니다.

SNS는 더 이상 소셜 네트워크 서비스가 아니다

SNS 플랫폼의 시작에 페이스북이 있었다

2004년, '세상의 모든 친구들을 연결한다'라는 슬로건 아래 페이스북이 등장했다. 초기에는 단순한 방명록 기능에 머물렀던 페이스북은 현재의 타임라인을 출시하며 이용자 수가 기하급수적으로 증가하기 시작했다. 다른 사람들의 얼굴과 삶을 탐구할 수 있는 페이스북은 대학생들의 호기심을 자극했다.

페이스북 이전에는 페이스매쉬가 있었다. 페이스북의 창업자 마크 저커버그는 하버드의 웹사이트를 해킹해 여학생들의 사진을 다운로드한 후, 더 매력적인 학생을 투표하는 프로그램을 만들었다. 이 프로그램은 4시간 만에 450명의 방문자와 2만 번 이상의 조회수를 기록하며 서버까지 다운시켰다. 하지만 이러한 비윤리적인 행동으로 인해 저커버그는 근신 처분을 받았다. 페이스매쉬를 통해 사람들이 다른 사람들에 대해 가지는 본능적인 호기심이 얼마나 큰지를 확인할 수 있었다.

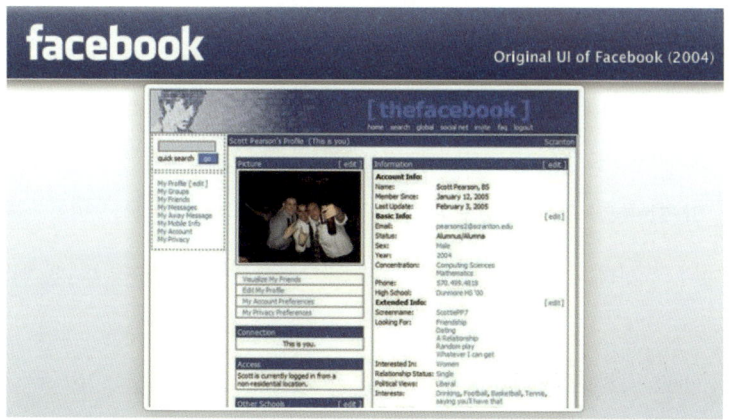

▲ 2004년의 페이스북 화면

이렇게 시작된 페이스북의 이용자 수는 30억 명을 넘었고, 인스타그램과 왓츠앱 등을 인수하며 거대 기업 메타로 성장했다. 페이스북을 시작으로 성장한 SNS 플랫폼은 이제 무섭다는 표현만으로도 설명하기 어려울 정도로 성장했다. 2007년 페이스북은 정식으로 광고 서비스를 시작하며 매출이 급증했는데, 2024년 1분기 메타의 전체 수익 중 광고가 차지하는 비율은 97.8%로, 365억 달러 중 356억 달러를 벌어들였다.

SNS 플랫폼을 대표하는 페이스북의 슬로건 '세상의 모든 친구들을 연결한다'는 아직도 유효할까? 이제 SNS 플랫폼은 단순한 소셜 네트워크 서비스를 넘어선 역할을 하고 있다. 초기에는 사람들을 연결하는 데 중점을 두었지만, 현재는 정보 공유, 비즈니스 마케팅, 엔터테인먼트 등 다양한 기능을 제공하며 사용자들의 일상 생활과 밀접하게 연결되어 있다.

SNS는 이제 더 이상 친목 서비스가 아니다

메타의 전체 수익 중 광고 수익이 차지하는 비율을 고려할 때, 이제 SNS를 단순한 친목 서비스로 보는 것은 적절하지 않다. 메타가 인수한 인스타그램뿐만 아니라, 틱톡, 유튜브, 카카오와 같은 다른 SNS 채널들도 마찬가지다. 사람들은 SNS에서 방대한 정보를 퍼뜨리고, 제품을 판매하거나 구매한다. 이제 SNS는 소셜 네트워크 서비스를 기반으로 하는 거대한 광고 플랫폼으로 자리 잡았다.

▲ 페이스북, 인스타그램, 왓츠앱을 인수하며 거대 공룡으로 성장한 메타, 출처: 메타 홈페이지

    SNS에서 무언가를 판매하려면 콘텐츠, 광고 도구, 크리에이터에 대한 이해가 필수적이다. SNS의 변화에 따라 카드뉴스부터 영상 콘텐츠까지 다양한 변화가 일어나고 있다. 그러나 이러한 변화 속에서도 놓쳐서는 안 될 점은 콘텐츠에 판매 포인트를 녹여내는 것이다. 사람들이 제품을 구매하는 이유를 콘텐츠에 명확하게 담아야 매출을 올릴 수 있다. SNS의 변화와 트렌드를 쫓기 전에, 우리 제품을 구매해야 하는 이유가 녹아 있는 콘텐츠부터 고민해야 한다.

    잘 만든 콘텐츠는 매출을 높이는 중요한 역할을 한다. 여기에 더해 각 SNS 플랫폼의 광고 기능을 제대로 이해한다면 더 큰 시너지를 얻을 수 있다. SNS의 성장과 변화로 인플루언서가 등장하면서 엄청난 파급력을 갖기 시작했는데, 이들은 자신들만의 정보와 인기를 기반으로 두터운 팬층을 형성하고 있다. 파워 인플루언서가 계정을 통해 공동 구매를 진행하는 것이 그 대표적인 예다.

SNS에서 무언가를 팔아야 한다면 앞서 언급한 콘텐츠, 광고, 인플루언서를 이해해야 한다. 하지만 이보다도 중요한 것은 바로 '제품'이다. SNS라는 채널에만 집중하다 보면 가장 중요한 제품을 등한시하는 우물 안 개구리가 될수밖에 없다. 양질의 콘텐츠가 없다면 광고 도구가 무용지물이 되는 것처럼 제품이 없다면 양질의 콘텐츠나 광고 도구 역시 무용지물이 될 가능성이 높다.

SNS에서 제품을 '구매'할 수밖에 없는 이유

제품이 잘 팔릴 수밖에 없는 소셜 미디어의 특징

고객의 '준거집단'이 활동하는 공간

개인의 판단이나 행동에 기준이 되는 집단을 '준거집단'이라고 한다. 일반적으로 준거집단의 기준은 가족, 친구, 유명인의 순서로 형성되지만, SNS에서 고객이 가장 먼저 기준으로 삼는 준거집단은 인플루언서이다. 다양한 화장법이나 코디법 등의 콘텐츠를 통해 팬을 모은 인플루언서는 SNS에서 쇼핑을 즐기는 고객에게 상당한 영향을 미친다. 예를 들어, 특정 인플루언서가 코디 방법과 함께 어떤 귀걸이가 옷에 잘 어울리는지 설명하는 과정을 반복하게 되면, 팬과 인플루언서 사이에 신뢰가 형성된다. 이로 인해 고객은 인플루언서가 사용하는 제품에 대해 관심을 갖게 되고, 실제로 구매로 이어지며, 인플루언서는 고객이 제품을 구입하기 전에 참고하는 주요 준거집단으로 자리 잡게 된다.

▲ 준거집단으로 자리매김한 인플루언서

두터운 신뢰를 바탕으로 준거집단이 된 인플루언서가 어느 날, 몇 달 동안 실제로 사용해 보고 정말 만족한 제품이라며 해당 제품을 최저가로 공동 구매한다는 공지를 내면, 사람들은 그 제품을 앞다투어 구매하기 시작한다. 마치 어떤 연예인이 특정 옷을 입고 TV에 출연한 다음 날 그 옷이 품절되는 것처럼, 인플루언서가 추천한 제품도 폭발적인 매출을 기록한다. 이러한 영향력 있는 인플루언서는 점점 더 많아지고 있으며, 이로 인해 인플루언서와 협업하는 제품 역시 증가하고 있다. 그 결과, 사람들은 더 많은 제품에 노출되고, 자연스럽게 구매로 이어지는 환경이 형성되었다.

반복적으로 노출되면 제품 구매 확률이 높아진다

SNS에서는 하루에도 수많은 제품 소개 콘텐츠가 쏟아지고 그중 일부는 단기간에 폭발적인 반응을 일으킨다. 그리고 많은 사람이 반응한 콘텐츠와 제품은 곧바로 SNS '대란템'으로 떠오른다. 발견과 노출의 플랫폼인 SNS에서는 새로운 인기 제품들이 끊임없이 등장하고, 사람들은 그에 반응하며 지속적인 관심을 보인다. 이제 사람들은 단순히 필요에 의해 제품을 구매하지 않는다. 평소에는 필요하지 않더라도 SNS에서 유명하다는 이유만으로 제품을 충동적으로 구매하는 경우가 많다.

SNS에서는 제품이 자주 노출될수록 트렌디하다고 인식되는 경향이 있다. 특정 제품이 많이 노출되면 자연스럽게 그 제품이 인기 있는 것으로 인식되며, 이러한 인식이 비록 바로 구매로 이어지지는 않더라도 구매 이유 중 하나가 될 수 있다. 특히 제품이 반복적으로 노출될 경우, 사람들이 충동적으로 구매할 가능성은 더욱 높아진다. 다른 사람들이 해당 제품에 대한 후기를 남기는 것을 보면, 그 제품이 유명하고 신뢰할 만한 제품이라는 인식을 간접적으로 심어주기 때문이다.

SNS에서는 다양한 방식으로 제품을 반복적으로 노출할 수 있는 환경을 조성하는 것이 중요하다. 예를 들어, 인플루언서와 지속적으로 협찬을 진행해 우리 제품에 대한 후기 콘텐츠를 확보하거나, 특정 인플루언서와 공동 구매 프로젝트를 통해 제품을 알리고 판매하는 방법이 있다. 또한, 음식, 여행, 패션 관련 커뮤니티 계정에 광고 콘텐츠를 의뢰하거나, 직접적으로 광고를 진행하여 제품을 널리 알리는 등 다양한 노출 전략을 적극적으로 활용해야 한다.

합리적인 소비를 위한 스몰데이터

고객은 더 합리적인 소비를 위해 제품을 구매하기 전에 다양한 채널에서 리뷰를 확인한 후 구매 결정을 내린다. 이러한 리뷰는 이미 구매한 사람들의 구체적인 정보를 제공하며, 제품 구매 결정을 돕는 '스몰데이터(SmallData)' 역할을 한다. 그리고 SNS에서는 이러한 스몰 데이터를 바로 확인할 수 있다.

> **TIP** '빅데이터(BigData)'와 대비되는 '스몰데이터'는 규모가 작고 특정 맥락에서 유의미한 정보를 제공합니다. 주로 사람들의 일상적인 행동, 감정, 경험 등을 이해하는 데 유용하며, 특정 고객이나 해시태그에 대한 데이터를 바탕으로 마케팅 전략을 수립하거나 제품을 개선하는 데 활용할 수 있습니다.

이곳에서는 '대란템' 가능하다

'젠지세대(Gen Z)'가 만들어 내는 대란템의 중심에는 인플루언서가 있다. 보통 대란템은 인플루언서가 생산한 콘텐츠를 젠지세대가 2차 콘텐츠로 생산하며 확산된다. 그래서 어느 정도 제품과 콘텐츠가 확산되면, 그 다음부터는 수많은 SNS 사용자 스스로 바이럴 마케터를 자처하며 콘텐츠가 폭발적으로 확산된다.

> **TIP** 젠지세대는 1997년부터 2012년 사이에 태어난 사람들로, 이들은 디지털 환경에서 자라온 세대입니다. 스마트폰과 틱톡, 인스타그램, 유튜브 등의 SNS에 익숙하며, IT 기술과 밀접하게 연관된 문화를 형성합니다.

맨션을 통한 디지털 검증

SNS 사용자 중 특히 여성은 맨션(@) 기능을 통해 공감 가는 콘텐츠에 친구를 태그하며 함께 소비한다. 특정 제품과 관련된 콘텐츠에서는 '이거 어때?', '같이 살래?'라는 말을 덧붙여 친구를 소환하고, 이 과정에서 제품에 대한 의견을 주고받으며 디지털 검증이 이루어진다. 이 디지털 검증 과정은 시간과 공간의 제약 없이 SNS에서 진행되며, 사용자들은 이를 통해 스스로 구매해야 할 이유를 만들어낸다.

SNS의 해시태그(#)와 맨션 같은 소통 기능은 제품 판매에 큰 도움이 되며, 이것이 SNS에서 제품이 잘 팔리는 이유 중 하나이다. SNS에서 무언가를 판매하려면 각 플랫폼이 제공하는 다양한 기능을 익히는 것도 좋지만, 맨션을 통해 개인의 관심사를 공유하는 여성들의 특성 등 고객에 대한 깊은 이해를 바탕으로 '고객 친화 전략'을 세우는 것이 중요하다. 고객이 SNS에서 제품을 구매하는 이유를 파악하면, 콘텐츠를 설계할 때 어떤 점을 고민해야 할지에 대한 중요한 힌트를 얻을 수 있다.

일반인이 SNS 콘텐츠 제작자로 활동할 수 있는 환경

TV 광고의 일종인 PPL은 거대 기업들이 막대한 예산을 투입해 기획한 인위적인 방식으로, 특정 제품을 프로그램 내에 자연스럽게 배치하여 노출시키는 것을 말한다. TV 시청자는 자신이 원하는 방송을 선택해서 보는 것이 아니라 방송사가 편성한 프로그램을 그대로 시청해야 하며, 이 과정에서 부자연스러운 PPL에 노출된 시청자들은 이러한 PPL에 민감하게 반응할 수밖에 없다. 이는 프로그램의 흐름이 인위적으로 느껴져 억지로 필요를 만들어 내려는 의도로 받아들이기 때문이다.

반면, SNS에서 활동하는 인플루언서는 대부분 주변에서 볼 수 있는 평범한 사람들로, 일상 속에서 자연스럽게 제품을 사용하는 모습을 보여준다. SNS 사용자는 인플루언서가 제품을 소개할 때, 그 내용이 인위적이거나 광고라는 것을 알고 있어도, 이를 자연스럽게 소비하는 경향이 있다. 자신이 팔로우하는 인플루언서들이 일상에서 실제로 사용하고 있는 모습을 통해 친밀감과 신뢰감이 전달되기 때문이다. 이로 인해 팔로워들은 인위적인 제품 노출일지라도 PPL보다 더 큰 신뢰를 느끼며, 제품에 대한 관심과 구매 욕구가 생긴다. 인위적이지 않은 자연스러운 제품 노출 덕분에 고객들의 구매 욕구를 자연스럽게 자극할 수 있는 환경이 조성된 것이다.

SNS에서 제품을 '판매'해야 하는 이유

굳이 왜, SNS에서 무언가를 팔려고 하시나요?

내가 진행하는 강의의 수강생이나 광고를 의뢰하는 광고주에게 SNS에서 제품을 판매하려는 이유를 묻곤 한다. 그러면 90% 이상은 '남들이 하니까'나 'SNS에서 매출을 이만큼 냈다고 하더라'라는 등 두루뭉술하게 대답한다. 분명 많은 사람이 SNS에서 제품을 팔고 또 많은 수익을 얻을 수 있으므로 틀린 대답은 아니지만 SNS에서 무언가를 팔아야 하는 구체적인 이유가 될 수는 없다고 생각한다.

SNS나 오픈마켓을 통하지 않고 쇼핑몰에서만 80~90%의 매출이 발생한다면 가장 이상적이겠지만, 현실은 그렇지 않다. 이제 막 쇼핑몰을 시작한 업체부터 연 매출 수백억 원을 달성하는 업체까지도 SNS를 포함한 오픈마켓에서 발생하는 매출 의존도가 상당히 높다. 업체마다 차이가 있겠지만, 평균 25~30% 정도의 오픈마켓 수수료를 지불하면서 매출을 올리고 있는 것이 현실이다. 한 달에 3억 원의 매출이 발생한다면, 그중 1억 원이 수수료로 지출되는 셈이다. 아무리 많은 매출을 올리더라도 수익 구조가 좋지 않으면 순이익을 기대하기 어렵다. 그렇다고 오픈마켓을 포기할 수는 없다. 현재 가장 많은 매출이 오픈마켓에서 발생하고 있기 때문이다. 이런 상황을 타개할 수 있는 전략이 SNS을 통해 쇼핑몰의 트래픽과 매출을 확보하는 것이다. SNS를 운영한다고 무조건 수익이 발생하는 것은 아니지만 수익 외에도 얻을 수 있는 것이 많다.

SNS에서는 실패해도 사람이 남는다

열심히 SNS를 운영하는 것만으로도 매출을 높일 수 있다면 얼마나 좋을까? 그러나 대부분의 경우, SNS의 시작은 그리 창대하지 않다. 광고비를 투입해도 순이익을 남기기 어렵고, 우리 제품이나 서비스에 관심을 가질 고객을 찾는 일이 큰 숙제로 남는다. 하지만 SNS의 운영에 실패하더라도, 사람을 남긴다는 점은 긍정적이다. 잠재 고객을 확보하기 위해 고민한 키워드와 팔로워는 훗날 쓸모 있는 무기가 될 수 있다. 첫 번째 시도의 결과가 실패였더라도, 지속적으로 콘텐츠에 반응한 고객들에게 리타겟팅을 시도해 볼 수 있다.

  SNS를 홍보하기 위해 광고비를 투입했으나 실패한 사례는 수없이 많으며 이 실패 속에서 사람을 남기기 위해서는 지금까지 시도한 전략과 각 전략의 성과를 냉정하게 평가할 수 있어야 한다. 콘텐츠의 어떤 포인트가 반응을 이끌어냈는지 가설을 세우고 기록해야 한다. 그렇지 않으면, 사람도 남기지 못한 채 당신의 광고비는 흔적도 없이 사라질 것이다.

노출은 그 자체만으로도 유의미한 결과를 만든다

제품을 판매하기 위해 콘텐츠를 만들고 광고까지 진행했다. 하지만 매출은 발생하지 않았다. 과연 이 프로젝트는 실패로 끝났을까? 이 프로젝트를 실패했다고 평가할 수 있지만 해당 콘텐츠에 노출된 단 한 명이라도 잠재 고객이 될 가능성은 무시할 수 없다. 이렇게 실패했다고 평가한 프로젝트라도 버스나 옥외 광고와 같은 노출 효과를 얻을 수 있는 것이다. 노출은 과소 평가받는 광고 지표지만 눈에 보이지 않는 성과를 얻을 수 있다. 노출은 그 자체만으로도 가치 있는 성과이기 때문이다.

넓은 의미에서 '저비용고효율' 타겟이란 SNS에서 우리 제품이나 서비스에 단 한 번이라도 노출된 고객을 지칭한다. 이 타겟은 우리 제품에 반응할 가능성이 높은 고객을 발굴하는 데 효과적이다. 노출 광고를 통해 저비용고효율 타겟을 확보한 계정은 그렇지 않은 계정보다 광고 세트를 더 빠르고 쉽게 최적화할 수 있다. 우리 제품에 대한 정보가 전혀 없는 고객보다, 제품에 한 번이라도 노출된 고객에게 광고를 시작하면 더 높은 효율을 기대할 수 있기 때문이다.

광고에 노출되었지만 구매가 발생하지 않는다고 해서 그 노출의 가치를 저평가해서는 안 된다. 노출을 통해 우리는 저비용고효율 타겟을 확보할 수 있다. 그러나 많은 경우, 짧은 기간 내에 광고 성과가 나타나지 않는다는 이유로 저비용고효율 타겟의 잠재적 성과를 무시하고 광고를 중단하는 실수를 범한다. 이는 저비용고효율 타겟의 개념을 제대로 이해하지 못한 채, 인내심을 가진 자만이 얻을 수 있는 광고 최적화의 기회를 스스로 놓치는 것이다. 결국, 이런 실수는 잠재적인 매출 상승의 가능성을 차단하는 결과를 초래한다. 이러한 실수를 방지하려면, 노출이 가져다주는 저비용고효율 타겟의 중요성을 반드시 이해해야 한다.

SNS를 선택하기 전, 장착해야 하는 태도

우리에게 맞는 SNS를 선택하는 TIP

인스타그램, 유튜브, 블로그, X, 틱톡까지 앞으로도 새로운 SNS 플랫폼은 계속 등장할 것이고, 새롭게 등장하는 SNS만큼 새로운 강의와 책도 등장할 것이다. SNS를 통해 성과를 내고 싶다면, 필연적으로 새로운 SNS에 대해 학습해야 한다. 하지만 새로운 SNS에 적응하는 것보다 중요한 것은 SNS라는 플랫폼의 본질을 파악하는 것이다. 사람들은 새로운 것에 민감하지만, 새로운 것들이 만들어내는 공통점에는 둔감하다. SNS는 결국 사람들이 모이는 곳이며, 플랫폼이 달라지더라도 사람들이 반응하는 지점은 크게 달라지지 않는다는 본질을 파악하면, 새로운 플랫폼이 등장하더라도 유연하게 대처할 수 있다.

트렌드의 씨앗	트렌드가 시작되는 곳	트랜드가 확산되는 곳	트렌드의 종착지
X, 숏폼 플랫폼(틱톡, 릴스, 숏츠)	유튜브, 블로그, 오픈 채팅방	인스타그램(돋보기)	TV

▲ 트렌드의 생애

　인스타그램이나 유튜브에서 좋은 반응을 얻는 콘텐츠가 대부분 X에서도 이미 큰 반응을 얻었다는 사실을 알게 되면, SNS 플랫폼을 대하는 방식이 한층 더 현명해질 수 있다. 심지어 X에서 반응을 얻는 콘텐츠는 외국에서 이미 반응이 좋았던 콘텐츠일 가능성이 높다. 플랫폼이 달라진다고 해서 매번 무언가를 새로 배워야 하는 것은 아니다. 사람들이 반응하는 핵심 포인트는 크게 변하지 않으며, 단지 각 플랫폼의 사용자들과 어떻게 소통해야 하는지, 즉 표현 방식이 달라진다는 점을 이해하는 것이 중요하다. 이 사실을 깨닫는 순간, 좋은 반응을 얻고 있는 이야기를 원하는 SNS 플랫폼에 맞게 재구성해야 한다는 시각이 생긴다.

SNS는 어떻게 선택해야 하는가

현재의 내부 역량과 순간적인 욕심 때문에 여러 SNS를 한꺼번에 학습해야겠다는 생각은 위험할 수 있으며, 오히려 비효율적인 방법이 될 수 있다. 특히 SNS를 처음 시작하는 경우라면 더욱 그렇다. 만약 SNS에 대한 이해가 부족하다면, 먼저 하나의 SNS를 선정해 그곳에 모인 사람들이 누구인지, 그들이 우리의 제품이나 서비스의 어떤 매력에 반응하는지, 그리고 그 SNS의 광고 방식이 어떻게 이루어지는지를 철저히 연구해야 한다. 이러한 깊이 있는 연구는 다음 플랫폼으로 넘어가는 지름길이 된다. 마치 하나의 보고서를 완성하고 나면 다음 보고서를 작성하는 시간이 훨씬 줄어드는 것처럼 말이다.

SNS 입문자에게 추천하는 플랫폼은 인스타그램과 블로그이다. 이미지와 글은 SNS를 처음 시작하는 사람들이 비교적 쉽게 만들 수 있는 콘텐츠 형식이기 때문에, 이러한 형식으로 다양한 시도를 할 수 있는 인스타그램, 블로그가 안성맞춤이다. 반면 유튜브는 영상 중심의 소통이 주를 이루기 때문에, 영상 기획부터 촬영, 편집까지의 꽤 많은 역량이 필요하다. 그래서 이미지나 글 형식보다는 진입 장벽이 높아, SNS를 처음 시작할 때는 진입 장벽이 낮은 플랫폼에서 자신의 제품과 서비스에 대한 콘텐츠 감각을 익히는 것이 더 효율적이다. 사람들이 우리 제품이나 서비스에 대해 어떤 이미지나 문구에 많이 반응하는지를 끊임없이 테스트한 후, 다음 플랫폼으로 넘어가도 늦지 않다.

SNS 계정을 키울 때 알아야 하는 핵심 알고리즘

광고 관리자의 인공지능은 모든 콘텐츠를 학습한다

사람들은 늘 새로운 것에 반응한다. 이제는 X가 된 트위터가 바인을 인수해 6초 동영상 열풍을 일으켰을 때도, 페이스북에 광고 도구가 도입되어 엄청난 성과를 낸 업체들이 등장했을 때도, 그리고 틱톡과 유튜브가 대세라는 지금도 사람들은 새로운 플랫폼에 열광한다. 그런데, 플랫폼이 바뀐다고 해서 SNS 계정을 성장시키는 방식까지 달라지는 것은 아니다. 본질적으로 플랫폼마다 적용되는 알고리즘을 알고 있으면 새로운 플랫폼이 나타나더라도 우리는 SNS 계정을 성장시킬 수 있다. 그렇다면 이 핵심 알고리즘이란 도대체 무엇을 말하는 것일까?

핵심 알고리즘, 페이지 히스토리

▲ 페이스북의 광고 관리자

    2012년 인스타그램을 인수한 페이스북은 2021년에 사명을 메타로 변경하고, 페이스북과 인스타그램을 포함한 다양한 플랫폼을 아우르는 모회사로 자리 잡았다. 이를 통해 페이스북 계정을 활용해 인스타그램 광고를 더욱 효율적으로 관리할 수 있게 되었다.

    메타에서 광고를 집행하려면 페이스북 또는 인스타그램 계정, 페이스북 페이지, 그리고 광고 계정을 이해해야 한다. 인스타그램에서 광고를 관리할 때는 페이스북의 광고 도구(Ads Manager) 등을 사용하는 것이 일반적이다. 이 과정에서 페이스북 계정을 통해 페이스북 페이지를 생성하고, 광고 계정을 만들어 인스타그램 계정을 연동해 광고를 관리한다. 광고 계정은 광고를 관리하고 운영하는 데 필수적이며, 이 세 가지 요소가 유기적으로 연결되어 있어 하나라도 빠지면 광고를 진행할 수 없다.

 광고를 설정할 때는 사용할 페이스북 페이지나 인스타그램 계정을 신중히 선택해야 하며, 어떤 페이지나 계정을 선택하느냐에 따라 광고 효율이 크게 달라질 수 있다. 특히 페이지의 과거 활동과 성과는 광고 성과에 상당한 영향을 미친다. 이 원리를 더 잘 이해하기 위해, 내가 경험한 실제 사례를 살펴보자. 이 사례는 페이스북의 사례지만, 인스타그램 계정을 포함한 거의 모든 SNS 계정에 적용되는 핵심 원리이기도 하다.

 당시 페이스북 페이지에 패션 카테고리에 해당하는 시계, 의류, 신발 등의 콘텐츠를 게재하고 광고를 집행했는데, 이 페이지에 포스팅 광고 요청이 들어와 지금까지의 콘텐츠와 연관이 없는 연애 관련 콘텐츠를 업로드한 적이 있었다. 그리고 이때부터 생각지도 못했던 인공지능의 방황이 시작됐다.

 패션 카테고리에 갑자기 연애 콘텐츠가 업로드되면, 인공지능의 알고리즘은 패션 카테고리에 올렸던 콘텐츠에 반응한 타겟 중 가장 효율이 좋았던 타겟을 찾는다. 그리고 그 타겟에게 연애 콘텐츠를 노출시킨다. 하지만 지금까지 효율이 좋았던 타겟에게 노출했는데도 반응이 없자, 알고리즘은 당황하며 새로 업로드한 연애 콘텐츠에 반응할 법한 타겟들의 데이터를 학습해 새로운 타겟을 찾아내게 된다. 이렇게 스스로 학습하는 광고 관리자의 특성으로 인해, 지금까지 업로드했던 주제와 다른 콘텐츠를 올리면 알고리즘이 효율을 높이기 위해 방황하게 되는 것이다.

이 방황은 눈에 보이지 않기 때문에, SNS 계정을 성장시키기 위해 콘텐츠를 업로드할 때 쉽게 간과할 수 있다. 콘텐츠를 올렸는데도 반응이 저조하다면, 인공지능의 알고리즘을 한 번쯤 떠올려볼 필요가 있다. 흔히 콘텐츠를 업로드한 후 반응이 없으면 '콘텐츠 기획'이 부족했다고 치부하며 넘어가는 경우가 많다. 하지만, 문제는 콘텐츠 기획이 아닐 수도 있다. 핵심 알고리즘을 무시한 채 계정을 운영한 것은 아닌지 깊이 들여다봐야 한다. 결국, 인공지능의 알고리즘이 일관된 데이터를 학습할 수 있도록, 공통된 주제의 콘텐츠를 꾸준히 업로드하며 알고리즘을 학습시키는 것이 중요하다.

당신의 인스타그램 계정엔 '팔로우 명분'이 있나요?

우리만의 팬을 만드는 원리

인스타그램을 포함한 대부분의 SNS 플랫폼은 사용자가 자신이 좋아하는 콘텐츠와 계정만을 소비할 수 있는 폐쇄적인 성격을 가지고 있다. 이로 인해, 일부 계정은 SNS 사용자에게 선택받아 팔로우를 끌어내는 반면, 선택받지 못하고 소외되는 계정도 있다. 선택받지 못한 계정들을 들여다보면 그 이유는 대부분 명확하다. 이들은 사람들에게 해당 계정을 팔로우해야 하는 명분을 제시하지 못하고 있는 것이다. 그렇다면, 사람들이 왜 특정 계정을 팔로우해야 하는지, 그 명분은 어떻게 만들어지는 것일까? 이를 이해하기 위해 인스타그램의 사용자가 특정 계정을 팔로우하는 순간을 살펴보자.

고객은 롤모델의 감성을 팔로우로 구매한다

사람들은 자신에게 없는 성품이나 외모 등을 지닌 선망의 대상에게 자연스럽게 이끌리기 마련이다. 과거에는 이런 선망의 대상이 주로 특정 연예인이었지만, 이제는 SNS 플랫폼의 인플루언서를 더 많이 추종한다. 특히 폐쇄성이 짙은 인스타그램에서는 자신이 좋아하는 인플루언서만을 선택해 홈 피드를 구성하려는 경향이 더욱 강하게 나타난다. 이렇게 누군가의 눈에 들어 선망의 대상이 된 인플루언서는 신뢰를 바탕으로 특정 제품을 제안하는 등 거래를 시작한다. 이것은 인플루언서를 중심으로 공동 구매가 활발하게 이루어지는 이유이기도 하다.

이렇게 거래를 시작하고 팔로워를 쌓아 인플루언서가 되기 위해서는 두 가지 조건이 필요하다. 첫 번째는 자신의 인스타그램 계정을 팔로우할 사람들의 페르소나를 명확히 정의하는 것으로 예를 들어 '키가 크고 마른 체형의 남성을 위한 코디 큐레이션' 계정처럼, 판매하려는 제품이나 서비스, 브랜드와 딱 맞아떨어지는 페르소나를 설정하는 것이다. 이 작업이 완료되었다면, 두 번째로는 꾸준함을 갖출 차례이다. 설정한 페르소나가 반응할 만한 게시물을 꾸준히 업로드하여, 명확하게 정의된 페르소나에 부합하는 확고한 컨셉의 계정을 만들어 나갈 수 있다.

또한, 자신이 설정한 페르소나에 반응하는 팔로워의 피드백을 적극적으로 반영하는 것도 중요하다. 팔로워가 반응할 것이라고 예상했던 콘텐츠의 성과가 기대와 다를 수 있기 때문이다. 피드백이란 좋아요, 댓글, 저장, 도달 등과 같은 노출 성과를 분석하여 팔로워가 실제로 반응하는 내용을 끊임없이 학습하는 것을 의미한다.

지나치게 구체적인 정보여야 기꺼이 팔로우를 지불한다

인스타그램이 이미지를 중심으로 소통하는 공간인 것은 사실이지만, 이미지만으로 정보를 제공하는 데에는 한계가 있다. 예를 들어, 여행 정보 계정을 운영할 때 멋진 여행지 이미지만 올리는 것보다는 구체적으로 정리된 카드뉴스 형식의 이미지가 정보를 전달하는 데 더 효과적이다. 이런 콘텐츠가 많이 쌓일수록, 자연스럽게 이 계정이 여행 관련 정보를 꾸준히 제공하는 공간이라는 인식을 심어줄 수 있다. 페이스북 페이지나 유튜버들이 짧은 시간 안에 팬을 빠르게 얻을 수 있었던 비결 중 하나가 바로 정보형 콘텐츠 제공이었다. 인스타그램도 이와 크게 다르지 않지만, 이제는 인스타그램에 정보형 콘텐츠가 넘쳐나는 상황이므로, 전달하려는 정보가 구체적일수록 경쟁력 있는 계정으로 자리 잡을 가능성이 높아진다.

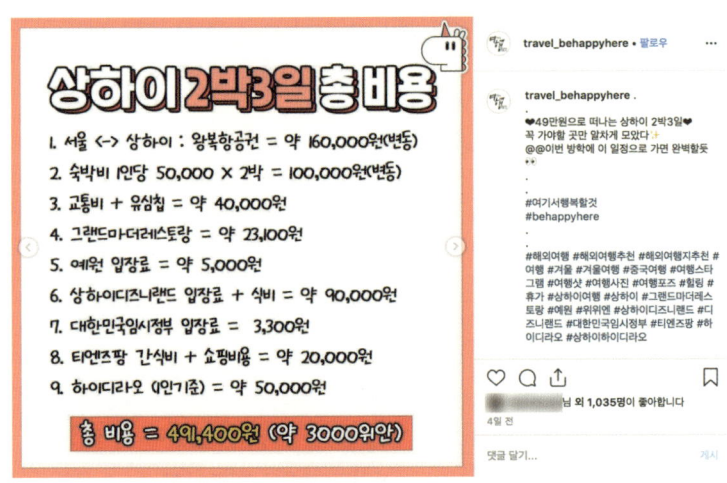

▲ 정보성 콘텐츠 사례, 출처: @travel_behappyhere

위 이미지는 '상하이 2박 3일 총 비용'을 세부적으로 제시하며, 각 항목별 비용을 알려주는 카드뉴스 형식의 정보형 콘텐츠이다. 일반적으로 여행 정보를 제공하는 계정이나 카드뉴스 콘텐츠는 많지만, 이렇게 세부 항목별 비용을 상세하게 알려주는 콘텐츠는 드물다. 이처럼 유용한 정보가 하나둘 쌓이면, 사용자들은 자연스럽게 이 계정이 여행 비용 정보를 투명하게 공유하고 있다는 사실을 알게 되고, 꾸준히 정보를 받기 위해 팔로우를 하게 된다.

희소성은 팔로워의 호기심을 얻기 수월하다

매일같이 쏟아지는 정보형 콘텐츠와 계정이 많아지면서, 비슷한 인스타그램 계정들에 지친 사람들은 점점 더 컨셉이 확고한 계정을 찾기 시작했다. 비슷비슷한 콘텐츠가 아닌 독특한 콘텐츠에 노출된 사람들은 강한 호기심을 느끼게 된다. 다음 이미지는 '책바'라는 오프라인 공간에서 운영하는 인스타그램 계정의 콘텐츠다. 이 계정은 책에 어울리는 술을 추천하는데, 예를 들어 짧은 시나 에세이에는 위스키를, 소설에는 맥주를 추천한다. 또한, 오프라인 공간에서는 특정 소설에 등장하는 술을 소설과 함께 즐길 수도 있다. 이처럼 희소성 있는 컨셉을 가진 계정은 많은 사람에게 매력적으로 다가갈 수 있다.

▲ 희소성 콘텐츠 사례, 출처: @chaegbar

인스타그램 팔로워를 늘리고 싶다면, '왜 사람들이 우리 계정을 팔로우해야 하는가?'라는 질문에 자신 있게 답할 수 있어야 한다. 만약 그렇지 못하다면, 그 계정은 '팔로우할 명분'이 부족한 계정일 가능성이 높다. 여기서 소개한 사례 외에도 성공적으로 인스타그램 팔로워를 모은 계정들을 관찰하며, 자신만의 팔로우 명분을 만드는 것이 인스타그램 팔로워를 늘리기 위한 첫 번째 단계라고 할 수 있다.

갑자기 매출이 오른 고객사와 어느 패션 유튜버 이야기

저희 제품이 유튜브 영상 덕분에 완판됐어요

업무 중 고객사 담당자에게 전화가 걸려왔다. 담당자는 '저희 제품이 유튜브 영상 덕분에 1차 완판됐어요'라며 기쁜 소식을 전했는데 다른 채널에서 진행한 마케팅 덕분에 매출은 상승했지만, 완판은 경험하지 못했던 터라 이 소식이 더욱 놀라웠다. 담당자는 해당 영상을 공유해 주었는데, 이 영상의 유튜버는 10만 명이 조금 안 되는 구독자를 보유한 패션 유튜버였고 다른 영상의 댓글을 살펴보니, 특정 제품을 리뷰해 달라는 요청이 많을 정도로 팬층이 매우 두터웠다. 유튜버에 대한 신뢰가 없다면, 이런 제품 리뷰 요청은 없었을 것이다. 이후 나는 담당자가 보내준 약 10분 분량의 영상을 끝까지 시청했다.

　영상은 여러 청바지 브랜드를 '기본 스타일', '워싱 스타일', '특이한 스타일' 세 가지로 구분하고 각 스타일을 선호하는 사람들에게 어울릴 법한 브랜드와 제품을 소개하는 내용이었다. 영상 중간중간에는 청바지를 구매할 때, 허벅지가 두꺼운 분에게 어떤 핏이 잘 어울리는지 또 제안하는 핏을 잘 만드는 브랜드는 어떤 브랜드인지 설명하며, 실제 남성 시청자를 위한 맞춤형 정보도 제공했다. 그리고 완판된 고객사의 제품을 소개하는 부분에서는 장단점을 매우 솔직하게 리뷰하며, 유튜버가 느낀 아쉬운 점도 가감 없이 이야기했다. 전체 영상 중 고객사의 제품을 다룬 시간은 약 2분 정도였다. 이 유튜버가 고객사의 브랜드를 소개할 수 있었던 데에는 한 충성 고객의 댓글이 큰 역할을 했다. 이 유튜버의 구독자이자 고객사의 충성 고객이었던 한 시청자가 이 제품을 꼭 리뷰해줬으면 좋겠다는 요청을 댓글로 남겼고, 그 요청을 받아들여 영상을 제작하게 되었다.

　이 유튜버의 영상 덕분에 좋은 성과를 얻었지만, 해당 영상을 2차 가공하여 다른 매체에 사용하지는 않았다. 왜냐면 이 영상은 유튜버의 '실제 후기'였기 때문이다. 이런 영상을 가공하여 광고를 집행하는 순간 실제 후기가 광고 영상으로 변질될 것은 불 보듯 뻔한 일이었다. 실제로 이 영상에서는 고객사 제품의 장점과 단점을 솔직하게 제시했으므로 실제 후기라는 영상의 취지가 고객에게 더 신뢰감을 줄 수 있기 때문이다.

 자연스러운 후기가 브랜드 이미지를 지키면서 성과까지 올릴 수 있는 최상의 전략이지만, 이런 기회가 언제 다시 올지는 누구도 알 수 없다. 그래서 우리는 유튜브에서 실제 성과를 확인한 후, 이 유튜버와 직접 접촉해 광고를 집행했다. 결과를 말하기에 앞서, 자연스러운 후기로 인해 매출이 상승한 것이 단순한 우연일 수도 있는 상황에서 왜 광고를 진행했는지 의문을 가질 수 있다. 그럼에도 우리가 광고를 진행한 데는 두 가지 이유가 있었다.

 첫 번째 이유는 해당 유튜버가 '전환' 유튜버였기 때문이다. 현재 수많은 유튜버가 등장하고 있지만, 이들은 전환 성과를 낼 수 있는 유튜버와 '노출' 성과만을 낼 수 있는 유튜버로 나눌 수 있다. 사실 전환 유튜버를 발굴하는 것은 쉽지 않지만, 유튜버의 콘텐츠를 면밀히 관찰하면 발굴 가능성을 높일 수 있다. 사례의 유튜버는 구매 전환과 밀접한 콘텐츠를 제작하고 있었다. 예를 들어 '세일 제품 중 예쁜 제품 소개', '가장 예쁘다고 생각하는 맨투맨 추천'과 같이, 자신만의 관점에서 여러 제품을 직접 추천하는 콘텐츠를 만들었기 때문에 어떤 옷이 좋은지 묻는 댓글도 많이 발견할 수 있었다. 만약 광고를 제안하려는 유튜버가 어느 정도의 전환 성과를 가져올지 가늠하고 싶다면, 그들이 제작하는 콘텐츠의 톤 앤

매너와 해당 콘텐츠에 대한 댓글 여론을 충분히 관찰하는 것이 중요하다.

두 번째, 그가 '마이크로 인플루언서'였기 때문이다. 유명한 유튜버에게 우리 제품을 맡기면 광고 효과는 있겠지만, 투자 대비 이익률을 고려해야 한다. 누구나 수백만 구독자를 보유한 유튜버와 광고를 진행하고 싶어 하지만, 문제는 비용이다. 특히 쇼핑몰을 운영하는 입장에서는 몇천만 원을 광고에 투자하는 것이 사업의 기반을 흔들릴 정도로 위험 부담이 큰 일이다. 이럴 때 찾아야 하는 것이 바로 마이크로 인플루언서다. 마이크로 인플루언서는 특정 회사에 소속되어 있지 않을 가능성이 높고, 자신만의 콘텐츠로 구독자의 신뢰와 지지를 받는 유망주다. 물론 모든 마이크로 인플루언서가 기대한 만큼의 성과를 내지는 않겠지만, 이들과 협력하면 합리적인 비용으로 분명한 마케팅 데이터를 축적할 수 있다. 우리의 제품과 서비스가 어떤 어조와 방식을 가진 유튜버와 함께했을 때 조회수나 검색량이 증가하는지를 실험하는 것은 어려울 수 있지만, 이들과 함께라면 그 가능성을 높일 수 있다.

실질적인 성과를 내기 위해 사례의 유튜버와 접촉했고, 라이브까지 완료했다. 이제 어떤 기준으로 이번 프로젝트의 성공 여부를 판단할 수 있을까? 쇼핑몰의 경우, 당장 2배 이상의 매출과 트래픽 성과가 발생했다면, 더할 나위 없는 최고의 성과라 할 수 있다. 하지만 유튜브도 결국 다른 광고 매체와 같이 첫 시도부터 소위 '대박'을 터트리는 것은 어려운 일이다. 하지만 매출과 트래픽의 즉각적인 성과가 없더라도, 우리가 주목해야 할 것은 해당 영상에 달린 '댓글 반응', '영상 조회수', 그리고 '브랜드 키워드 검색량'이다.

이 세 가지 중 하나라도 긍정적인 성과가 있었다면, 이제 반성의 시간을 통해 다음 콘텐츠 전략을 고민해야 한다. 댓글이나 조회수가 좋았다면 이번 시도가 그들에게 '이야깃거리'를 성공적으로 제공한 것이며, 브랜드 키워드 검색량이 늘었다면 이번 영상을 통해 해당 브랜드에 대한 호기심을 성공적으로 불러일으킨 것이다. 연애의 시작이 끝없이 자신과 맞는 짝을 찾는 과정이라면 유튜버를 찾는 과정도 연애에 임하는 태도로 성실히 접근해야 한다. 그래야 우리 브랜드, 제품, 서비스와 궁합이 잘 맞는 유튜버를 찾을 수 있을 것이다.

결과적으로 이 유튜버와의 협업은 성공적이었다. 협업 이후 대략 2주간 평시 매출의 4~5배가 넘는 매출이 발생했다.

인스타그램 계정을 운영하며 느낀 소소한 인사이트

인스타그램 상위노출 알고리즘

지금은 운영하지 않지만, 시간이 날 때마다 운영했던 개인 인스타그램 계정의 팔로워가 약 4,500명을 넘어선 적이 있었다. 강사로 활동하며 나눌 수 있는 지식이나 인사이트를 올리기도 하고, 패션에 관심이 많아 패션 관련 해시태그를 활용해 콘텐츠를 게재하곤 했다. 상위 노출에 대한 다양한 이야기가 있지만, 개인 계정을 운영하며 직접 실험하고 얻은 소소한 인사이트를 정리해 봤다.

인기 게시물은 내 팔로워가 만들어 준다

인스타그램에서 양질의 콘텐츠라고 판단하는 기준 중 하나는 얼마나 빠른 시간 안에 콘텐츠 반응, 즉 '좋아요', '댓글', '저장' 등을 확보했는가이다. 팔로워가 1,000명도 채 되지 않았을 때는, 검색량이 많은 해시태그를 사용하더라도 인기 게시물에 노출하기 어려웠다. 하지만 팔로워가 4,500명을 넘어서면서, 보통 15분 안에 좋아요를 100~150개, 30분이 지나면 250~300개, 1시간 내에 평균 400~500개 받는 편이다. 사실 1시간까지 기다릴 필요도 없다. 10분 안에 발행한 콘텐츠가 인스타그램에서 양질의 콘텐츠로 판단할 수 있는지가 판명된다. 그렇기 때문에 이 10분 동안 내 콘텐츠에 관심을 가져줄 팔로워와 지속적으로 관계를 맺기 위해 노력해야 한다. 조금 힘들더라도 직접 그들의 콘텐츠에 좋아요를 누르고, 댓글을 달며, 상대방이 맞팔로우할 수 있도록 팔로우에도 적극적이어야 한다.

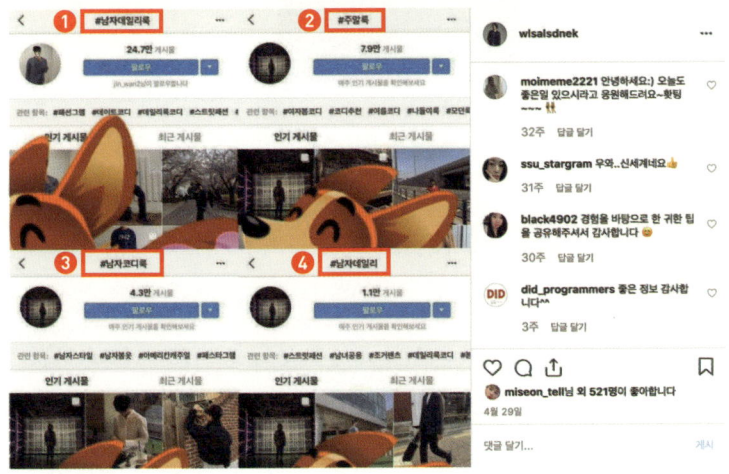

▲ 기존에 필자가 운영하던 개인 계정

내가 예측하는 계정 점수의 구성 요소는 10~15분 내에 받은 평균 좋아요 수와 진성 팔로워 수, 즉 맞팔로우를 제외한 실제 팔로워 수이다. 이 계정 점수에 따라 인기 게시물로 노출되는 해시태그가 달라졌다. 위 이미지에서 ❷, ❸, ❹번 게시물은 각각 1.1만, 4.3

만, 7.9만 정도의 패션 관련 해시태그인데, 이 3개의 해시태그가 모두 인기 게시물로 노출되었다.

그러나 24만 규모의 ❶번 해시태그에는 전혀 노출되지 않았다. 최근 게시물에서 겨우 ❸번째 줄에 아슬아슬하게 노출되는 수준이었다. 계정 점수가 낮은 상황에서 몇십만 규모의 해시태그에 도전하는 것은 마치 수많은 관중이 모인 경기장에서 방송국 카메라에 잡히는 것만큼이나 어렵다. 계정 점수가 낮다고 판단되면, 그에 맞는 해시태그를 여러 가지로 시도해 보는 것이 더 현명하다.

사람들이 자주 사용하는 '#소통', '#좋아요', '#맞팔' 같은 해시태그는 사용하지 않는 것이 좋다. 그 이유는 두 가지가 있다. 첫째, 이런 해시태그를 사용하면 단기간에 팔로워 수를 늘릴 수는 있지만, 품질이 낮은 팔로워를 얻게 될 가능성이 크다. 즉, 내 계정의 콘텐츠나 페르소나에 별로 관심이 없는 팔로워일 가능성이 높아, 장기적으로는 유의미한 팔로워가 되지 않으며 이후 게시물의 반응도 저조할 수 있다. 둘째, 잠재 고객이 나의 제품이나 브랜드, 서비스를 찾기 위해 '#소통' 같은 해시태그를 사용할 가능성은 매우 낮다. 계정의 페르소나나 발행하는 콘텐츠와 연관성 높은 해시태그를 사용하는 것이 실질적인 콘텐츠 반응을 이끌어내는 데 훨씬 더 유리하다는 점을 기억해야 한다.

퍼포먼스 광고 전략

지금까지 광고를 진행하며 누적 500억 원의 광고비를 지출한 후, 비로소 광고에 대해 배울 수 있었습니다. 하루에 1,000원에서 10,000원의 광고비를 사용하며 광고 알고리즘을 체득했고, 이러한 과정을 통해 하나씩 익히며 깨달은 점은 특정 매체를 이해하면 다른 매체를 보다 쉽게 이해할 수 있다는 것입니다. 이제는 새로운 매체가 등장해도 금방 파악할 수 있다는 자신감이 충만합니다. 여기서는 특정 매체를 언급하지 않습니다. 대신 500억 원의 광고를 집행하며 얻은 깨달음을 최대한 자세하게 정리했습니다.

광고에 반응할 법한 타겟을 발굴하는 방법

제품마다 반응하는 광고 영역은 정해져 있다

'네이티브 광고 네트워크(Native Advertising Network)', 그리고 쇼핑몰 방문자를 대상으로 리타겟팅할 수 있는 '모비온(Mobon)', '크리테오(Criteo)' 등, 특정 제품에는 반응이 있지만 다른 제품에는 반응이 없는 다양한 플랫폼까지 그 수는 헤아리기 어려울 정도다. 이 플랫폼들은 광고주가 목표하는 광고를 노출하고, 클릭이나 구매와 같은 성과 중심의 마케팅을 추구하는 데 도움을 준다. 이를 퍼포먼스 마케팅이라 하며, 대표적인 퍼포먼스 광고 플랫폼으로 메타의 '페이스북', '인스타그램', '네이버 GFA', '구글 GDN' 등이 있다.

> **TIP** 네이티브 광고 네트워크란 광고가 콘텐츠처럼 자연스럽게 배치되어 사용자가 무의식적으로 광고를 접하게 하는 방식의 플랫폼으로 뉴스 사이트나 블로그에서 추천 기사 형태로 광고를 배치해 효과를 극대화합니다. 모비온과 크리테오는 네이티브 광고뿐만 아니라 배너형 광고나 리타겟팅 광고도 제공하는 종합 광고 플랫폼으로, 고객 맞춤형 광고와 퍼포먼스 마케팅에 강점을 지닙니다.

광고는 이미 포털 사이트와 SNS 플랫폼의 대표적인 수익 모델이 된 지 오래다. 네이버의 1년 매출 중 광고 수익이 차지하는 비중은 75%이다. 구글은 83%, 페이스북은 98%로, 광고 수익이 차지하는 비율과 광고를 집행했을 때 얻을 수 있는 장점을 생각한다면 대형 매체에 광고를 집행하고 싶은 마음이 드는 것은 당연하다.

광고 매체는 많은 사람이 모이는 공간이므로, 이를 효율적으로 활용하려면 각 매체에 모인 사람들이 좋아할 법한 콘텐츠를 제시해야 클릭과 유입이 발생하며 광고 효율이 상승한다. 특정 언론사에서 파급력 있는 기사가 보도된 이후 우후죽순 똑같은 기사가 퍼지는 것처럼, 특정 매체에 모인 사람들이 좋아할 만한 콘텐츠가 노출되면 광고 매체는 다른 콘텐츠보다 더 빠르게 해당 광고를 노출해 광고 성과를 높인다.

누군가가 무엇을 좋아하는지 알아내려면 그 누군가가 어떤 사람인지부터 알아야 한다. 매체에서 광고비를 집행할 때는 반드시 이러한 관점에서 시작해야 한다. 아무 생각 없이 광고비를 사용하고도 매출이 발생하지 않는다고 다른 광고를 집행하는 것이 아니라,

광고를 집행할 매체에 모인 사람이 누구인지부터 밝혀내야 한다. 그래야 그 사람들이 더 좋아할 만한 것을 추적할 수 있다. 이때 매체에 모인 사람들의 연령대, 성별, 관심사 등 타겟의 특징까지 구체적으로 이해하면 더욱 좋다. 이렇게 각 매체에 모인 사람들이 누구이고 어떤 이야기에 반응하는지 고민해야 매체가 선호하는 이상형에 가까워질 수 있다.

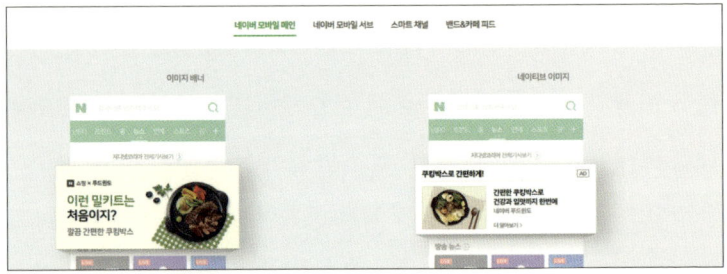

▲ 출처: 네이버 GFA 공식 홈페이지

그렇다면 수많은 매체에 모인 사람들이 좋아할 콘텐츠는 어떻게 알아낼 수 있을까? 답은 의외로 간단하다. 바로 일단 광고를 집행해 보는 것이다. 네이버 GFA는 네이버의 연예, 스포츠 등과 같은 뉴스 페이지 사이에 노출되는 배너형 광고이다. 모바일 네이버의 연예, 스포츠 뉴스 탭에 등장하는 가로형 배너 광고가 네이버 GFA의 주요 노출 영역 중 하나이다. 네이버 GFA에 어떤 사람들이 모여 있는지 파악하려면 현재 예산이 주로 어느 타겟층에 소진되고 있는지 관찰하면 된다.

25세~29세 여자	₩ 0 복합 전환	₩ 25,467	4,901	₩ 5,196	29	₩ 878	
30세~34세 여자	₩ 0 복합 전환	₩ 49,156	7,438	₩ 6,609	52	₩ 945	
35세~39세 여자	₩ 0 복합 전환	₩ 193,436	22,058	₩ 8,769	118	₩ 1,639	
40세~44세 여자	₩ 0 복합 전환	₩ 473,795	39,743	₩ 11,921	327	₩ 1,449	
45세~49세 여자	₩ 0 복합 전환	₩ 214,799	24,690	₩ 8,700	202	₩ 1,063	
50세~54세 여자	₩ 0 복합 전환	₩ 5,835	82	₩ 71,155	3	₩ 1,945	

▲ 특정 타겟에 집중된 예산, 출처: 네이버 GFA 성과 리포트

네이버 GFA뿐만 아니라 웬만한 광고 매체에는 인공지능이 탑재되어 있다. 이 인공지능은 스스로 학습하며, 우리 광고가 노출되었을 때 더 높은 광고 효율을 얻을 수 있도록 우리 광고에 반응하는 타겟을 분석하고, 광고에 노출된 타겟의 특징을 기반으로 더 반응할 만한 타겟을 찾는다. 위 이미지의 성과 리포트를 보면 예산이 '40~44세 여자'에 집중되어 있는데, 이는 GFA에 모인 사람 중 우리 제품에 반응하는 타겟이 '40~44세 여성'이라는 의미이기도 하다.

캠페인	게재	지출 금액↓	예산	노출	CPM(1,000회 노출당 비용)
45-54 여성		₩4,956,721		107,717	₩46,016
55-64 여성		₩2,200,458		38,339	₩57,395
35-44 여성		₩1,926,463		53,813	₩35,799
45-54 남성		₩236,525		5,783	₩40,917
25-34 여성		₩225,592		6,841	₩32,976

▲ 특정 타겟에 집중된 예산, 출처: 메타 광고관리자 성과 분석

메타나 구글에서 광고를 집행할 때도 마찬가지다. 광고 매체의 인공지능은 스스로 학습한다. 앞의 성과 분석은 메타의 광고 관리자 성과 분석 페이지이다. 네이버 GFA처럼 특정 타겟에 예산이 집중되어 있는데, 이는 메타에서 우리 제품에 반응하는 타겟이 '45~54세 여성'이라는 의미이다. 이렇게 소중한 데이터를 알아내기 위해 수백만 원의 광고비를 지출할 필요는 없다. 단돈 1만 원을 투입하더라도 타겟별 예산 분배가 달라지므로 소액으로도 타겟의 특징을 충분히 발굴할 수 있다.

타게팅은 구매 가능성이 높은 잠재 고객을 겨냥하여 이들에게만 집중적으로 광고를 노출하는 행위이다. 모든 광고 매체에는 연령 및 성별을 직접 선택할 수 있는 기능이 포함되어 있으므로, 원하는 대로 연령 및 성별을 설정할 수 있다. 광고 관리자의 기능을 제대로 이해하고 활용하는 것만으로도 우리 제품에 반응하는 타겟을 발굴할 수 있다. 그리고 이 데이터를 적극적으로 활용하면, 정확히 우리 제품에 반응할 법한 타겟을 정조준할 수 있다.

> **TIP** 광고 매체의 인공지능에 대한 자세한 내용은 241쪽을 참고하세요.

머신러닝이란 무엇인가?

광고 관리자를 제대로 학습시키는 방법

많은 마케터가 다양한 광고 매체에서 퍼포먼스 광고를 진행한 후, 광고 효율을 분석할 때 콘텐츠와 타겟팅, 그리고 제품까지 점검하지만, 인공지능과 머신러닝(Machine Learning)을 간과하는 경우가 많다. 광고 관리자의 인공지능은 방대한 데이터를 분석해 패턴을 학습하고, 최적의 타겟팅과 노출 전략을 자동으로 조정한다. 즉, 인공지능이 우리 콘텐츠에 반응할 가능성이 높은 타겟의 데이

> **머신러닝**
> 인공지능의 한 분야, 컴퓨터가 방대한 데이터를 통해 패턴을 학습하고 스스로 개선하는 기술로 광고 관리에서 머신러닝은 광고 성과를 높이기 위해 적합한 타겟팅과 노출 전략을 자동으로 조정하는 역할함

터를 학습해, 더 적합한 타겟에게 광고를 노출시켜 효율을 높이는 역할을 한다. 만약 '지금까지 인공지능을 몰라도 성과가 좋았는데?'라는 생각을 하거나, 현재의 성과에 안주한다면 더 이상 성장하지 못하고 지금의 상태에 머물게 될 것이다.

> **퍼포먼스 광고**
> 온라인에서 획득할 수 있는 광고 데이터를 기반으로 '광고비'를 집행하여 '특정 성과 목표'를 달성하기 위한 온라인 광고의 종류 중 하나

퍼포먼스 광고 경험이 있다면 머신러닝에 대해서도 어느 정도 이해하고 있을 것이다. 이세돌과의 세기의 대결을 펼친 알파고 또한 머신러닝의 산물이다. 퍼포먼스 광고에서 인공지능은 고객 데이터를 지속적으로 학습하여 광고를 최적화한다. 예를 들어, 퍼포먼스 광고에 하루 1,000원을 설정하면 광고 관리자의 인공지능은 꾸준히 고객 데이터를 축적하고, 머신러닝을 통해 학습을 시작한다. 이 데이터를 기반으로 우리가 원하는 타겟을 설정하는데, 이 과정을 '광고 최적화'라고 한다.

광고 최적화를 수행하는 인공지능은 항상 학습을 지속하는 것은 아니다. 광고 집행 중 예산이나 타겟 등을 수정하면, 머신러닝 기반의 학습이 중단되고, 수정된 사항에 맞추어 다시 학습을 시작하게 된다. 이때 머신러닝은 그동안 축적한 고객 데이터를 기반으로 기존 패턴을 활용하기보다는, 수정된 설정에 맞추어 새로운 타

겟을 찾기 위한 학습을 시작한다. 이 과정에서 기존 데이터를 과감히 버리기도 하며, 새로운 패턴을 학습하는 데 집중한다. 이는 더 나은 타겟을 찾기 위해 설정을 변경한 데서 비롯되며, 머신러닝의 학습 원리나 과정을 이해하지 못하면 아까운 예산을 낭비하게 되고, 광고 최적화를 달성하기 어려워질 수 있다. 다만, 효율이 낮을 경우에는 무조건적인 광고 조정이나 캠페인 종료가 필요할 때도 있다.

| 광고 콘텐츠 수정 | 광고 예산 수정 | 목표 타겟 수정 |

| 광고 효율이 낮아지는 원인 |

▲ 인공지능이 학습을 다시 시작하는 이유

반대로, 머신러닝을 잘 활용하는 방법은 인공지능이 학습할 수 있는 최적의 환경을 조성하는 것으로 가장 좋은 환경은 인공지능이 학습하는 동안 잦은 수정을 피하는 것이다. 특히 타겟팅이나 콘텐츠를 수정하는 순간, 머신러닝의 학습은 초기 단계로 되돌아간다. 따라서 가능한 처음 광고를 설정할 때 타겟팅과 콘텐츠를 미리 철저히 검토하고 진행하는 것이 바람직하다.

퍼포먼스 광고 운영 전략 이야기

퍼포먼스 광고를 직접 운영하며 깨우친 사실들

사람이 할 수 없는 것을 깔끔하게 인정해야 한다

인공지능의 눈부신 발전으로 이제는 사람이 인공지능을 사용하는 것인지, 인공지능이 사람을 사용하는 것인지 구분하기 어려울 때가 있다. 인공지능이 순식간에 복잡한 계산을 해낼 때면 이런 생각이 더욱 확고해진다. 이세돌이 알파고에게 힘겹게 얻은 1승에 사람들이 열광했던 것은 어쩌면 알게 모르게 사람은 인공지능을 넘어설 수 없다는 것을 스스로 인정하는 것일지도 모른다.

하지만 마케팅 실무에서는 인공지능의 역량을 인정하지 않고, 인공지능이 처리해야 할 영역에 사람이 개입하는 실수를 저지르는 경우가 많다. 이러한 실수는 메타, 유튜브, 네이버 GFA, 구글 GDN, 카카오모먼트 같은 광고 매체에서 인공지능이 더 높은 효율을 낼 수 있는 부분에 사람이 불필요하게 관여해 캠페인 성과를 저하시키는 경우를 말한다. 예를 들어, 특정 시간대에 캠페인 효율이 좋지 않다고 광고를 잠시 중단하는 경우가 있는데, 이는 인공지능이 스스로 반응이 적은 캠페인의 노출을 줄이고, 반응이 좋은 캠페인에 더 많은 노출을 할당하는 조정 작업을 방해하는 것이다.

캠페인의 상호 보완적인 역할을 이해해야 한다

광고 매체에서의 캠페인은 제품이나 브랜드의 인지도 향상, 판매 촉진 혹은 고객 참여 유도 같은 목표를 달성하기 위해 진행되는 일련의 광고 활동을 뜻한다. 이 캠페인은 메타, 네이버 GFA, 구글 GDN, 카카오모먼트 등 다양한 플랫폼에서 배너, 동영상, 검색광고 등 여러 형태로 특정 기간 동안 집행된다. 예를 들어, 한 브랜드가 새로운 제품을 출시하며 메타(페이스북, 인스타그램)와 유튜브에서 광고를 집행해 타겟 고객에게 도달하려 한다면, 이 모든 활동을 하나의 광고 캠페인으로 관리된다.

캠페인은 광고 목표를 설정하고 이를 운영하는 과정에서 자주 사용되는 용어다. 각 매체마다 선택할 수 있는 캠페인의 종류는 다양하지만, 구성과 집행 방식이 비슷하다. 한 매체의 캠페인 구성을 이해하면 다른 매체의 캠페인도 쉽게 파악할 수 있다. 다음의 이미지는 네이버 GFA, 구글 광고의 캠페인 설정 화면으로 이들 모두 트래픽 캠페인과 판매 또는 웹사이트 전환 캠페인을 설정할 수 있다.

▲ 네이버 GFA 캠페인 설정 화면

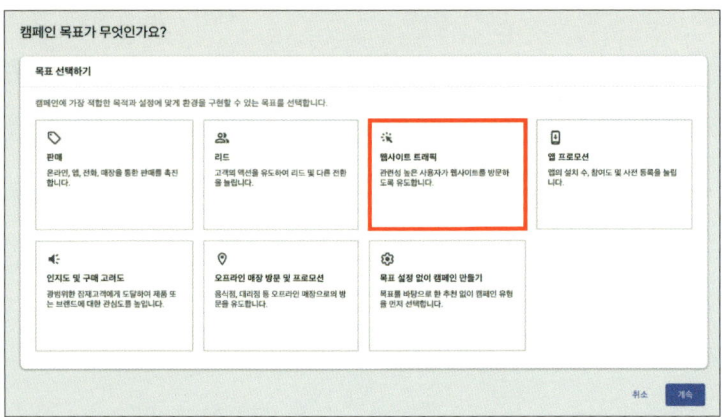

▲ 구글 GDN 캠페인 설정 화면

그렇다면 캠페인의 상호 보완적인 역할이란 무엇일까? 트래픽 캠페인은 고객의 유입을 목표로 하며, 웹사이트 전환 캠페인은 판매를 목표로 한다. 그래서 각 캠페인의 이름만 보고 판단할 경우 웹사이트 전환 캠페인만이 매출에 기여한다고 생각할 수 있다. 그러나 이것은 광고 캠페인의 상호 보완적 역할을 이해하지 못한 사람의 시각이다. 광고 매체의 인공지능은 더 나은 광고 성과를 달성하기 위해 스스로 학습한다. 이는 인공지능이 학습해야만 더 나은 성과를 거둘 수 있다는 것이며, 이러한 학습은 적은 비용으로도 충분히 효율적으로 이루어진다는 의미이다.

트래픽 캠페인을 통해 더 많은 잠재 고객을 유입시키려면, 인공지능이 학습할 수 있는 충분한 데이터를 제공해야 한다. 그렇다고 웹사이트 전환 캠페인을 통해 유입된 잠재 고객이 인공지능 학습에 도움이 되지 않는다는 의미는 아니다. 웹사이트 전환 캠페인 역시 잠재 고객을 유입시키는 방법 중 하나로, 필요한 데이터를 제공한다. 다만, 트래픽 캠페인에 비해 잠재 고객 1명을 유입시키는 데 더 많은 비용이 소요된다. 이는 트래픽 캠페인이 유입 가능성이 높은 사람들에게 광고를 많이 노출해 최적화되는 반면, 웹사이트 전환 캠페인은 구매 가능성이 높은 사람들에게만 광고를 집중적으로 노출하여 최적화한다.

조금 더 쉽게 설명하자면, 고객이 쇼핑을 할 때 광고를 클릭하는 것은 단순한 클릭으로 끝날 수 있다. 하지만 실제 구매까지 이어지기 위해서는 네이버에서 제품을 검색하고, 상세 페이지를 확인하며, 리뷰를 읽는 등의 추가적인 과정이 필요하다. 단순히 광고를 클릭하는 행위보다 더 많은 기회비용이 투입되는 것이다. 그렇기 때문에 트래픽 광고를 통해 1명의 잠재 고객을 유입시키는 비용과 웹사이트 전환 캠페인을 통해 잠재 고객을 유입시키는 비용은 큰 차이가 있다. 실제로 광고를 집행해 보면 두 캠페인 사이의 비용 차이는 평균적으로 5~10배 정도이다.

트래픽 광고는 웹사이트 전환 캠페인에 비해 즉각적인 매출로 이어지지 않지만, 잠재 고객 유입을 고려하면 두 캠페인을 병행하는 것이 더 효율적이다. 캠페인의 비율로 보자면, 트래픽 3, 전환 7 정도의 비율을 권장한다. 캠페인을 운영할 때 잊지 말아야 할 점은 이 모든 과정 뒤에는 인공지능의 알고리즘이 동작하고 있다는 것이다. 웹사이트 전환 캠페인이 매출을 견인하는 것처럼 보이지만, 그 매출의 기반에는 트래픽 캠페인을 통한 잠재 고객 유입이 있다는 사실을 이해해야 한다.

타게팅은 적절한 타겟에게 메시지를 송출하는 것이다

퍼포먼스 광고를 운영할 때, 특정 맞춤 타겟이나 유사 타겟에서 좋은 반응을 얻었다고 해서 타겟팅에만 집중하는 것은 효과적이지 않다. 타겟팅은 맞춤 타겟을 생성하는 것에서 그치지 않고, 고객의 행동을 분석하여 그들이 왜 이탈했는지, 어떤 문제를 겪고 있는지를 파악하는 것이 핵심이다. 예를 들어, 상세 페이지를 조회하고 이탈한 고객에게는 제품에 대해 충분히 설득되지 않았다는 점을 인식하고, 맞춤형 메시지를 통해 다시 설득해야 한다. 또한, 장바구니에 제품을 담았지만 구매를 완료하지 않은 고객에게는 경쟁사의 더 저렴한 가격이 원인일 수 있으므로, 맞춤형 할인 쿠폰을 제공하는 것이 이상적이다. 그러나 매출에 가장 크게 기여하는 요소는 타겟팅이 아닌 콘텐츠와 제품의 매력이다. 따라서 타겟팅만으로 성과를 기대하기보다는, 콘텐츠의 설득력과 제품의 가치를 높이는 데 집중할 필요가 있다. 이를 통해 고객에게 더 효과적으로 다가가고, 매출을 극대화할 수 있다.

성과 분석은 통계적 관점과 고객의 관점에서 진행해야 한다

유능한 마케터는 데이터와 고객의 관점에서 통찰이 어우러진 분석을 만났을 때 비로소 '유레카'를 외친다. 단순히 CPC가 낮고 ROAS가 높다는 식으로 숫자에만 집중하기보다, 콘텐츠의 어떤 부분이 클릭을 제한하고 이탈을 일으켰는지, 또 어떤 요소가 구매로 이어졌는지 깊이 있게 분석해야 한다. 이렇게 고객의 입장에서 보이지 않는 가설을 세우고 끊임없이 검증해 나가는 과정이야말로 진정한 3할대 마케터로 성장하는 지름길이다.

성공하는 사업자의 관점을 훔쳐야 한다

성공하는 사업자는 고객이 반응하는 제품을 끊임없이 연구하고 학습하여 사업을 성공으로 이끈다. 자신이 팔고 싶은 제품만 고집한다면 결코 성공할 수 없다. 실제로 광고를 대행하다 보면 20%의 제품이 전체 매출을 이끌어 간다는 '파레토 법칙(Pareto Principle)'을 여러 번 경험하게 된다. 마케터는 이처럼 성공한 20%의 콘텐츠에서 성공 요인을 분석해 새로운 콘텐츠를 개발해야 한다. 파레토 법칙은 결과의 80%가 원인의 20%에서 비롯된다는 것으로, 마케터는 잘 팔리지 않는 콘텐츠와 팔리는 콘텐츠를 명확히 구분하고, 성공한 20%의 콘텐츠를 적극적으로 발전시키는 실행력을 갖춰야 한다. 잘 팔리는 콘텐츠를 구분하는 안목이 성공의 핵심 동력이 된다.

완벽한 타게팅이란 무엇인가?

기능만 고집하면 마케팅 하수입니다

광고주나 마케터에게 '어떤 타겟팅이 효율이 좋나요?'라는 질문을 자주 받는다. 그런데 이 질문은 광고를 지나치게 기능적 측면에서만 바라보기 때문에 나오는 잘못된 질문이다. 보통 이러한 질문을 하는 사람들은 광고 매체의 여러 타겟팅 기능에 특별한 무언가가 있다고 생각한다. 하지만 앞서 언급한 것처럼, 광고 매체는 머신러닝 덕분에 점점 더 정교해지고 있으며, 스스로 학습하여 타겟팅을 최적화한다. 즉, 머신러닝이 광고 데이터를 분석하고 패턴을 학습하면서 타겟팅을 점점 더 정교하게 만드는 것이다. 그렇다면 우리가 배워야 할 완벽한 타겟팅이란 결국 무엇일까?

완벽한 타겟팅은 광고 매체의 기능에만 의존하는 것이 아니라, 적절한 타겟에게 효과적인 메시지를 전달하는 순간에 완성된다.

예를 들어, 상세 페이지를 조회하고 이탈한 타겟과 장바구니에 제품을 담고 이탈한 타겟에게 할인 문구가 포함된 메시지를 전달한다면, 장바구니에 담은 타겟은 구매로 전환될 가능성이 높다. 이들은 이미 어느 정도 설득되었으나 가격 문제로 구매를 망설인 것이므로, 무료 배송이나 할인 쿠폰 같은 메시지를 제공하면 긍정적인 반응을 얻을 수 있다.

반면, 상세 페이지만 조회하고 이탈한 타겟은 무료 배송이나 할인 쿠폰 같은 메시지에 반응하지 않을 가능성이 높다. 이들은 콘텐츠에 관심이 생겨 상세 페이지까지 도달했지만, 기대와 다른 제품이거나 제품의 필요성을 아직 느끼지 못해 이탈한 경우다. 이들에게는 제품이 필요한 상황이나 유용하게 사용할 수 있는 상황을 제시하여 콘텐츠로 설득하는 것이 더 합리적이다. 이처럼 설득하려는 타겟을 명확히 정하고, 그 타겟에게 적합한 메시지를 고민하는 것이 진정한 타겟팅이다.

메타에는 우리가 광고하는 동영상을 75% 이상 시청한 사람만을 추출할 수 있는 '타겟 만들기' 기능이 있다. 하지만 완벽한 타겟팅을 위해서는 75% 이상 영상을 본 사람에게만 광고를 노출하는 것에 그치지 않고, 그들이 왜 구매로 이어지지 않았는지 고민해야 한다. 광고 콘텐츠로 제작한 동영상은 75%나 시청했다는 건 제품에 대한 호기심을 어느 정도 자극하는 데는 성공했다는 뜻이다. 이제 우리가 고민해야 할 것은 '왜 호기심은 생겼는데도 제품을 사지 않았을까?'에 대해 다양한 가설을 세우고, 그에 맞는 콘텐츠를 준비하는 것이다.

▲ 타겟 설정 화면, 출처: 메타 광고 관리자

예를 들어, 동영상에 충분한 후기가 없어 설득력이 부족했을 수 있다(A), 다수가 사용하는 제품이라는 대세감을 주지 못했을 가능성도 있다(B), 또는 제품의 효과를 논리적으로 설명하는 부분이 약했을 수 있다(C). 이러한 가설들을 바탕으로 타겟팅 설정은 유지하되, A, B, C 각각의 콘텐츠를 동시에 노출해 어떤 콘텐츠가 더 좋은 반응을 얻는지 분석해야 한다. 이 과정이 바로 완벽한 타겟팅을 만들어가는 핵심이다.

광고 매체의 손맛

―
직접 전환을 제대로 활용해야 매출을 낼 수 있다

    퍼포먼스 광고 매체를 직접 운영한 전문가들의 공통점은 특정 매체에서 '손맛'을 보면 결단력 있게 캠페인을 운영해 나간다는 것이었다. 매체의 손맛이란 광고 데이터에서 예산을 확장했을 때 매출이 따라올 만한 포인트를 기가 막히게 알아차리는 것이다. 이들은 광고 예산을 확장할 구체적인 타이밍을 알고 있으며, 그 타이밍은 대부분 적중한다. 몇 번 이런 손맛을 보면 어느새 퍼포먼스 광고 전반이 체득되어 진짜 효율을 얻게 된다.

    하루에 몇 천만 원을 투입하여 그 이상의 매출을 만드는 것은 이렇게 많은 광고비를 집행하는 이들에게도 공포일 것이다. 왜냐하면 그렇게 몇 천만 원을 투입했는데 아무런 성과가 나지 않으면 결국 하루 만에 몇 천만 원의 손실이 일어나기 때문이다. 투입되는 비용이 적은 당장 몇 만 원도 아쉬운 소상공인에게는 더욱 공포일 것이다. 이들은 자칫 잘못하면 아예 사업을 접게 되는 상황까지 마주하게 된다. 자본이 많은 상황도 아니기에 하루하루 정말 효율적으로 움직여야 생존할 수 있기 때문이다.

우리가 실무에서 매체의 손맛을 알려면 오늘 집행한 광고가 매출 상승에 도움이 되었는지 직접적으로 확인할 수 있는 환경을 조정해야 한다. 그리고 이러한 모든 환경 조성에 대해 요약할 수 있는 단 하나의 개념이 바로 '직접 전환'이다. 직접 전환이란 우리 광고에 노출했을 때, 광고를 본 고객들이 바로 구매하는 것을 말한다. A라는 광고 콘텐츠에 노출되어 직접 전환이 발생했다면, 직접 전환이 발생하지 않은 다른 광고에 비해 더 높은 성과를 낼 가능성이 있다는 의미다.

직접 전환을 제대로 이해하려면 '간접 전환'을 이해해야 한다. 직접 전환이 특정 마케팅 활동의 결과로 고객이 즉각적인 행동을 취하는 것이라면, 간접 전환은 고객이 여러 마케팅 접점을 거친 후 목표 행동을 취하는 것이다. 예를 들어, 특정 제품의 마케팅 메일을 받은 고객이 바로 해당 제품을 구입하면 직접 전환, 마케팅

메일 외에 상세 페이지, 검색, 리뷰 등의 구매 동선을 거친 후 제품을 구입하면 간접 전환으로 구분할 수 있다. 쇼핑몰의 광고를 예로 들자면, 광고를 보자마자 바로 구매하는 행위는 직접 전환이며, 해당 상세 페이지를 북마크에 저장했다가 유튜브, 인스타그램에서 후기를 보고 검증한 뒤에야 구매하는 행위는 간접 전환이라고 볼 수 있다.

> **TIP** 구매 동선에 대한 자세한 내용은 47쪽을 참고하세요.

고객의 입장에서 집에 가는 길에 과일 가게에 걸린 할인 문구를 보고 마음이 동해 과일을 구입하는 것도 직접 구매이다. 반면, 할인 문구를 보았지만 바로 구입하지 않고 이웃에게 과일 가게에 대해 물어본 후에야 과일을 구입하는 것은 간접 구매에 해당한다. 판매자의 입장에서는 할인 문구를 걸어 놓은 후 바로 과일 판매량이 늘었기 때문에 직접 전환에서 판매 증진에 대한 힌트를 얻을 수 있지만, 이웃에게 물어보고 나서 과일을 구입한 간접 전환의 경우에는 이러한 과정을 알 수 없으므로 상대적으로 판매 증진에 대한 힌트를 얻는 것이 어렵다.

이렇게 직접 전환은 단순하고 정직하다. 광고를 진행하고 매출의 변화를 관찰하면 즉각적으로 힌트를 얻을 수 있다. 하지만 간접 전환은 매출이 발생하더라도 고객이 어떤 매체를 통해 정보를 얻었는지, 어떤 구매 동선을 거쳤는지 등의 원인을 역추적하는 것이 거의 불가능하거나 경우의 수가 많아 힌트를 얻기 어렵다. 이러한 이유로 광고 예산의 증액을 결정할 때는 직접 전환 성과가 좋은 콘텐츠나 광고 캠페인을 기준으로 삼는다. 그리고 실제로 직접 전환 성과가 좋은 콘텐츠에 집중하면 더 좋은 성과를 얻을 수 있다.

CPC(링크 클릭당 비용)	장바구니에 담기	웹사이트 장바구니에 담기	구매	웹사이트 구매
₩1,885	13	13	4	4
₩1,446	19	19	8	8
₩7,289	5	5	4	4
₩6,004	18	18	10	10

▲ 타겟 설정 화면, 출처: 메타 광고 관리자

광고 콘텐츠에서 직접 전환이 발생했는지 확인하려면 광고를 집행한 매체의 광고 관리자를 살펴보자. 위 이미지에서 광고비 소진 결과 1명의 고객을 유입시키는 데 드는 비용이 1,885원이었으며, 유입된 고객 중 13명이 장바구니에 제품을 담았고, 그중 4명이 실제 구매를 했다. 즉, 이 광고를 통해 4명의 고객이 구매했다는 의미로, 이 캠페인은 직접 전환이 발생한 것이며 우리가 주목할 만한 콘텐츠라는 뜻이다. 이러한 콘텐츠을 지속적으로 추적하며 예산을 증액하면 매출이 증가할 가능성이 상당히 높다.

광고 관리자에서의 성과와 함께 반드시 확인해야 할 것이 바로 쇼핑몰의 통계 화면이다. 카페24의 광고 관리자 페이지에서는 어느 광고에서 직접 전환이 발생했는지 확인할 수 있다. 광고 관리자와 함께 쇼핑몰 통계를 살펴봐야 하는 이유는 광고 관리자가 구매 고객이 마지막으로 본 광고의 기여도를 높게 평가하기 때문에, 정확히 어떤 경로에서 전환이 이루어졌는지 추적하기 어렵기 때문이다. 1차로는 광고 관리자의 성과를 확인하고, 2차로는 쇼핑몰의 통계를 확인해야 직접 전환이 발생한 광고를 제대로 추적할 수 있다.

광고 매체의 손맛을 제대로 감별하려면 다음 세 가지 사항을 명심해야 한다. 첫 번째는 직접 전환이 발생한 콘텐츠를 발견한 후, 적극적으로 예산 실험을 진행하는 것이다. 현재 예산이 10만 원이라면 20%(12만 원)를 증액하는 것이 적당할지, 혹은 50%(15만 원)를 증액하는 것이 적당할지 직접 실험해 봐야 한다. 그리고 증액한 만큼 효율이 나오는지 추적하면서, 증액 구간마다 머신러닝을 방해하지 않는 선에서 효율을 유지하고, 최적의 예산 증액 구간을 감각적으로 파악해야 한다.

> **TIP** 광고 관리자의 인공지능과 머신러닝에 대한 자세한 내용은 241쪽을 참고하세요.

두 번째로, 퍼포먼스 광고 매체는 시시각각 효율이 달라지므로 예민하게 반응해야 한다. 어제의 효율과 오늘의 효율이 크게 다를 수 있으며, 몇 시간 차이로도 효율은 변할 수 있다. 광고가 타겟에게 노출되더라도 그날 구매 의사가 없는 사람들에게 많이 노출되면 효율이 떨어지고, 구매 가능성이 높은 사람들에게 노출되면 효율이 좋아진다. 이처럼 광고는 매우 민감하기 때문에, 콘텐츠의 효율을 지속적으로 점검하며 관리해야 매일의 성과를 최상으로 유지할 수 있다.

세 번째는 결단력을 갖추는 것이다. 이 결단력은 첫 번째와 두 번째 요소를 충실히 준비한 마케터만이 가질 수 있는 권한으로, 어느 순간 예산을 폭발적으로 증액하는 것이 합리적인지 결정하는 감각을 의미한다. 결단력 있게 예산을 확장할 수 있는 사람만이 매출 확장의 기회를 잡을 수 있으며, 이러한 사람들은 남들이 알아채지 못한 광고 매체의 손맛을 통해 더 큰 수익을 창출할 기회를 얻게 된다. 결단력이 있는 만큼, 그들은 남들보다 더 큰 매출과 영업 이익을 달성할 수 있다.

지금 지출되는 광고비의 명분

투자엔 반드시 이유가 있어야 한다

광고 대행 업무에서 가장 어려운 것은 현재 지출하는 광고비의 의미를 설명하는 것이다. 좀 더 직설적으로 말하자면, '광고비의 명분'을 만드는 것이다. 광고 이해도가 높은 파트너는 단기적인 성과를 강요하지 않고, 단기적인 성과가 나오더라도 일희일비하지 않는다. 하지만 광고 이해도가 낮은 파트너에게는 현재 지출하는 비용과 방향, 그 의미를 구체적으로 설명해야 한다.

광고 대행을 요청하는 파트너의 이해도가 다르기 때문에 당장의 성과를 제시할 수 없는 경우에는 광고비의 명분을 지속적으로 환기시켜줄 필요가 있다. 단기적인 성과가 오락가락하는 퍼포먼스 광고의 경우라면 반드시 현재 지출되는 광고비의 명분과 큰 그림을 설명해야 한다. 그리고 이렇게 앞으로 그릴 큰 그림을 설명하고 나면 업무 효율도 자연스럽게 높아져 성과 압박과 세세한 설명의 필요도 없어진다.

광고비의 명분이란 지금 당장 광고비 대비 효율이 좋지 않더라도 굳이 광고를 집행해야만 하는 이유이기도 하다. 광고비를 집행해야 하는 상황은 정말 다양하지만, 그중에서도 이커머스를 운영하는 사람들이 반드시 겪는 상황을 상상해 보자. 만약 당장 광고 효율이 좋지 않아 광고를 중단해야 할 것 같다고 느끼는 파트너라면, 단순한 느낌만으로 결정하지 말고 이 상황을 잘 고려해서 현명하게 판단할 수 있도록 인도해야 한다.

광고를 중단하려는 파트너에게 광고 목표가 무엇이냐고 물으면 대개 '매출'이라고 답한다. 그리고 광고를 해도 매출이 안 나온다며 불만을 터뜨린다. 이렇게 생각하며 광고를 중단하려는 파트너들은 광고에 대해 충분히 이해하지 못한 경우가 많다. 사실 매출이 발생하지 않는 이유는 광고 외에도 정말 많다. 그래서 광고 목표를 단순히 매출로만 두기보다는, 매출 전 단계에서 하나씩 목표를 설정하고 달성해 나가는 것이 중요하다. 광고를 잘 모르는 파트너일수록 이런 단계적인 광고 목표 설정이 더 필요하다.

예를 들어, 광고의 목표를 당장 매출이 아닌 '유입 성과'로 설정하면 상황은 달라진다. 이전에는 어떻게든 제품을 팔기 위해 광고를 했다면, 이제는 목표가 유입 성과이므로 어떻게 더 많은 고객을 끌어올 수 있을지 고민하게 된다. 이렇게 하나씩 콘텐츠를 실험하다 보면, 더 나은 유입 성과를 내는 콘텐츠를 찾아낼 수 있을 것이고, 그때 비로소 다음 목표로 넘어갈 수 있다.

유입된 고객이 구매로 이어지게 하려면 상세 페이지를 어떻게 더 매력적으로 만들 수 있을지 고민하게 될 것이다. 이를 통해 '상세 페이지 전환 성과'라는 새로운 목표를 설정할 수 있다. 고객이 특정 콘텐츠를 통해 유입되었지만 구매하지 않은 이유가 무엇인지, 상세 페이지에서 어떤 내용을 전달해야 구매로 이어질 수 있을지를 생각하며, 1차 목표인 유입 성과를 달성한 후에는 2차 목표인 상세 페이지 전환 성과를 달성하기 위해 다양한 테스트를 해보는 것이다.

결국 이 모든 과정이 광고비를 집행하는 이유와 명분이 된다. 광고비를 지출하지 않으면 유입 성과나 상세 페이지 전환 성과 같은 목표는 달성할 수 없다. 또한 이러한 단계별 목표를 설정하지 않고 광고를 진행하면 광고 효율이 좋지 않다는 생각만 하게 되어 여러 광고 대행사를 전전하며 광고비를 낭비할 수밖에 없다. 그래서 광고비의 명분이 매우 중요한 것이다.

모든 일이 그렇듯이, 전체적인 그림을 보여주지 않고 단기적인 업무만 계속한다면 결국 그 짧은 기간의 성과로만 평가받게 된다. 그래서 현재 진행 중인 단기 업무가 전체 흐름 속에서 어떤 의미를 가지는지, 왜 계속해야 하는지를 분명히 설명할 필요가 있다. 광고비 집행도 마찬가지로, 업무의 전 과정을 이해시키듯이 명분을 끊임없이 제시해야 한다. 성과가 좋을 때는 지금의 명분을 떠올리며 광고비를 더 확대할 근거로 삼고, 성과가 낮을 때는 그 이유를 분석하고 앞으로의 방향을 제시해야 한다.

광고비의 명분을 제대로 전달하려면 먼저 현재 상황을 정확히 진단하고, 그 상황을 개선할 수 있는 목표를 설정해야 한다. 그리고 그 목표를 이루기 위한 여러 방법들을 설득력 있게 제시해야 한다. 이 모든 과정이 잘 갖춰졌을 때 비로소 진정한 명분이 생기고, 광고비 집행에 대한 확신과 정당성을 얻을 수 있다.

그래서, 어디서 팔 것인가?

목적 구매 vs 충동 구매

제품을 판매할 수 있는 플랫폼은 매우 많다. 11번가, G마켓과 같은 오픈마켓, 스마트스토어, 쿠팡, 자사몰뿐만 아니라 와디즈, 텀블벅과 같은 크라우드 펀딩 플랫폼, 그리고 폐쇄몰, 공동 구매 등 다양한 경로가 있다. 중요한 것은 우리의 제품을 어디에서 판매하는 것이 위험 부담을 최소화할 수 있는가이다. 이를 위해 알아야 할 개념은 두 가지, '목적 구매'와 '충동 구매'이다.

첫 번째, <u>목적 구매는 특정 '목적'을 가지고 구매하는 것을 의미한다.</u> 예를 들어, 여행지에서 냉장고를 열어보니 물이 없을 때 근처 마트에서 물을 사는 행위가 목적 구매에 해당한다. 또한, 여자친구와의 기념일에 미리 계획을 세우고 호텔을 예약하는 경우도 목적 구매이다. 목적 구매는 '냉장고에 물이 없으니 물이 필요하다'거나 '여자친구와 시간을 보내기 위해 숙소가 필요하다'와 같이 '필요 상태'에서 발생한다.

두 번째, 충동 구매는 특정 '목적' 없이 어떤 '계기'로 계획에 없던 구매를 의미한다. 예를 들어, 먹방 유튜버의 영상을 보고 충동적으로 음식을 배달 시키거나, 팔로우하는 인플루언서가 홍보하는 제품을 보고 처음 본 브랜드라도 구매하는 경우가 충동 구매에 해당한다. 충동 구매 직전에는 항상 어떤 '계기'가 존재하며, 목적 구매와는 달리 계기를 통해 '필요성을 느끼게 만드는 과정'이 필요하다.

	목적 구매	충동 구매
의미	구매 의사를 미리 가진 상태에서 자발적인 검색을 통해 최종 구매로 이어짐	구매 의사 없이 광고 노출이나 충동적으로 유입되어 최종적으로 구매로 이어짐
장점	검색 비중이 높은 키워드를 활용하면 매출 상승에 기여할 수 있음	검색량이 많은 키워드를 새롭게 창출할 수 있으며, 키워드가 없어도 매출 상승에 도움
단점	활용할 수 있는 키워드가 없을 경우 매출 증대에 한계가 있으며, 검색어에 따라 매출이 제한됨	매출이 광고 콘텐츠의 질에 크게 좌우됨

▲ 목적 구매와 충동 구매

그렇다면 어떻게 해야 우리 제품이 목적 구매에 해당하는지, 충동 구매에 해당하는지 알 수 있을까? 먼저, 우리 제품이 목적 구매에 해당하는지 알아보려면 사람들이 자신의 욕구를 '검색'이라는 행위로 표현한다는 점을 인지해야 한다. 즉, 누군가의 '목적' 혹은 '의도'는 검색어에서 힌트를 얻을 수 있다는 것이다. 그리고 이런 검색어의 검색량은 사람들이 특정 목적을 얼마나 갈구하는지를 가늠할 수 있는 좋은 척도가 된다.

충동 구매에 해당하는지 알아보려면 광고 콘텐츠에 사람들의 오감을 자극할 수 있는 시각적인 요소가 얼마나 많은지를 확인해 보자. 예를 들어 상세 페이지의 제품 효과에 대한 과학적인 근거나 논리가 탄탄한지, 또는 지금까지 시장에 없던 제품인지, 사용 후 즉각적인 효과가 시각적으로 전달되는지를 살펴보아야 한다. 이런 상세 페이지의 시각적 요소가 구매로 이어지고 있다면 충동 구매 제품에 해당된다. 물론, 가장 정확한 방법은 소액이라도 퍼포먼스 광고 매체에 광고비를 투입해 데이터를 확인하는 것이다.

> **TIP** 퍼포먼스 광고를 활용하는 자세한 방법은 236쪽을 참고하세요.

누가 어디서 많이 팔았다는 이야기에 휘둘리지 말고, 우리 제품이 목적 구매에 적합한지, 충동 구매에 적합한지, 아니면 둘 모두에 해당하는지를 스스로 고민한 후 판매할 플랫폼을 결정하는 것이 합리적이다. 아직 제품을 출시하지 않았다면, 어디서 판매할지를 먼저 정하고 나서 움직여야 한다. 오프라인 매장에서 상권 분석을 통해 창업해야 위험 부담을 줄일 수 있는 것처럼, 온라인에서도 마찬가지다. 설계를 철저히 해두고 나서 진행할수록 위험 부담을 줄일 수 있다.

정확하게 구분하는 것이 쉽지는 않지만, 11번가, G마켓, 쿠팡, 스마트스토어 등은 구매를 결정하고 최저가로 원하는 제품을 찾기 위해 사람들이 주로 이용하는 플랫폼으로, 목적 구매에 적합하다. 반면, 와디즈, 텀블벅 등의 크라우드 펀딩 플랫폼과 공동 구매 플랫폼은 제품을 소개하는 상세 페이지나 인플루언서의 영향을 받아 구매가 이루어지기 때문에, 충동 구매에 적합한 플랫폼으로 구분할 수 있다.

저는 이렇게 팝니다

어느 건강식품 제조사의 온라인 브랜드 출시를 담당했던 적이 있습니다. 이 브랜드를 성공적으로 출시하기 위해 출시 전, 약 3개월 동안 사이트를 구축하고, 블로그 체험단 운영, 상세 페이지 작성 등 브랜드 출시에 필요한 모든 작업을 맡아 진행했죠. 그 결과, 브랜드 출시 한 달 만에 월 매출 2억 원이라는 뜻밖의 성과를 얻을 수 있었습니다. 그리고 3년 동안 누적 매출 50억 원을 달성했습니다. 여기서는 온라인 브랜드를 준비하고 있는 분들 혹은 이미 운영 중인 분들에게 도움이 되기를 바라며, 지금까지의 성과를 만들어 낸 주요 순간들을 하나씩 정리해 보려고 합니다. 실패 사례와 성공 사례 모두 가감 없이 담았으니, 어느 사례든 유익한 참고 자료가 될 것이라 생각합니다.

Ep. 01 : 출시 후

첫 달 매출, 2억을 달성했다

출시 준비:
어느 건강기능식품 브랜드의 매출 이야기

지금 운영 중인 회사를 설립하기 전, 약 4년간 동업으로 광고대행사를 운영했고, 1년 정도는 화장품 브랜드에서 본부장으로 재직했다. 이 5년간의 실무 경험을 통해 깨달은 점은 온라인 브랜드가 생존하기 위해서는 광고만으로는 매출을 창출할 수 없다는 사실이었다. 마케터로서 누구보다 광고의 중요성을 잘 알지만, 아이러니하게도 결국 가장 중요한 것은 제품 자체라는 점이다. 광고는 매출을 견인할 수 있지만, 브랜드의 성공 여부를 결정짓는 것은 궁극적으로 제품의 품질이다.

이런 사실을 깨닫고 나서 돌이켜보니, 광고 대행을 했던 제품들 중에서 잘 팔리지 않았던 것들의 공통점은 대부분 무턱대고 시장에 출시된 경우라는 점이었다. 충분히 준비되지 않은 채 출시된 이런 제품들은 실제로도 효과가 미미했다. 그래서 광고 대행을 진행할 때는 먼저 업체의 제품이 얼마나 탄탄한지 확인하는 것이 중요하다고 느꼈다. 몇 년에 걸쳐 제품을 연구한 업체들도 있었는데 그런 곳은 대체로 성공적인 결과를 얻었다.

광고 컨설팅과 대행 업무를 하는 동안 예전에 인연이 있던 제조사 대표님과 다시 연락이 닿았고, 그분께서 온라인 브랜드 출시를 준비하면서 함께 프로젝트를 진행해 보자는 제안을 주셨다. 이 제조사는 약 20년 동안 스테디셀러 제품을 꾸준히 제조해 왔지만, 자체 브랜드로는 온라인 시장에 제대로 진출하지 못하고 있었다. 그런데 좀 더 자세히 살펴보니, 출시 예정인 제품은 SNS 광고를 통해 충분히 매출을 올릴 수 있을 만큼 효과가 뛰어나고, 그 효과를 증명할 수 있는 확실한 근거도 갖춘 제품이었다. 이 제품은 건강기능식품이었는데, 관련 시장을 조사해 보니 대부분의 경쟁사들이 제품의 효과만을 주장할 뿐, 그 효과를 뒷받침할 근거를 제시하는 경우는 거의 없었다. 경쟁사들은 단순히 제품이 몸에 좋다는 이야기를 늘어놓기만 할 뿐, 고객에게 제품을 구매해야 하는 이유를 명확한 증거로 설득하지 못하고 있었던 것이다. 그러나 출시 예정인 제품은 그 효과를 확실히 증명할 수 있는 차별화된 요소를 가지고 있었다.

이 차별화 요소에 확신을 얻어 온라인 브랜드의 출시를 맡기로 결심하고, 본격적인 출시를 앞두고 철저히 준비하기 시작했다. 우선 고객에게 제시할 수 있는 분명한 차별화 요소가 있었기 때문에 제품의 가격을 낮추지 않았다. 보통 온라인 매출을 경험하지 못한 업체가 흔히 범하는 실수는, 가격이 비싸면 팔리지 않을 것이라는 공포감에 사로잡혀 가격을 낮추는 것이다. 그러나 이렇게 되면 매출은 발생할 수 있지만, 정작 이익이 발생하지 않는 상황에 직면할 위험이 있다. 출시 예정인 제품은 판매가 대비 원가율이 높은 편이었지만, 그만큼 효과가 확실하고 이를 증명할 수 있는 근거도 명확했기 때문에 가격을 낮추지 않고 출시하기로 합의했다.

온라인 브랜드를 출시하고 처음 한 달 동안은 공격적으로 광고를 진행했다. 그리고 이제는 온라인 브랜드를 운영하게 된 대표와 함께 식사를 하며, 광고를 시작하자마자 2~3개의 제품이 판매된 것을 확인할 수 있었다. 보통 광고를 시작하자마자 제품이 판매되는 것은 제품의 가능성을 확인하는 신호로, 우리는 그 사실에 기뻐했다. 역시나 첫 한 달 만에 2억 원이라는 매출을 달성할 수 있었다. 이렇게 본격적으로 건강기능식품 브랜드의 출시가 시작되었다.

Ep. 02: 어떻게 출시와 동시에 억대 매출을 달성할 수 있었을까?

출시 첫 달:
고관여 제품의 억대 매출 달성 요소

다행히도 출시 첫 달부터 예상 외의 성과를 거두기 시작하며 매출이 꾸준히 상승했다. 그런데 출시와 동시에 이런 결과를 얻을 수 있었던 이유는 무엇일까? 수많은 변수가 있었지만, 그 중에서도 주요한 요소들을 하나씩 정리해 보았다.

무엇을 파느냐보다 누가 파느냐

실제 이커머스 업계를 살펴보면, 판매가 잘 되는 제품의 광고가 보이기 시작하면 몇 달 안에 해당 제품을 모방한 제품들이 연이어 출시되는 경우를 자주 볼 수 있다. 이로 인해 광고 효율이 점점 낮아지는 악순환이 반복되는 사례를 쉽게 관찰할 수 있다. 심지어 제품 출시 초기부터 높은 성과를 거두는 브랜드의 주문 내역을 살펴보면, 특정 제조사에서 그 제품을 주문한 흔적이 있는데, 이는 성공 가능성이 높은 제품을 적극적으로 분석하고 모방하기 위한 것이다. 따라서 앞으로 더욱 중요해질 것은 무엇을 파느냐보다 누가 파느냐이다. 해당 브랜드에서 강조할 수 있는 강력한 요소를 바탕으로 제품 컨셉을 정의하기 전에, 고객에게 어떤 측면에서 신뢰를 줄 것인지에 대해 깊이 고민해야 한다.

우리 제품의 제조사는 약 40년에 이르는 역사를 가지고 있으며, 이 기간 동안 꾸준히 연구를 진행해 주요 대학과의 실험 자료, 자체 연구 자료 등 제품의 효과를 증명할 수 있는 방대한 데이터를 확보해 왔다. 이러한 연구 결과로 다수의 특허를 보유하고 있었기 때문에, 경쟁사들이 우리 제품을 쉽게 모방할 수 없었다. 이 사실을 고객에게도 전달함으로써 '신뢰할 수 있는 곳에서 만든 제품'이라는 신뢰를 심어줄 수 있었다. 그러나 우리 제조사는 이전까지 이러한 신뢰를 온라인에서 효과적으로 전달하지 못했다. 그래서 쇼핑몰에 지금까지의 연혁과 연구 성과를 정리하고, 제조사가 보유한 특허 자료를 쇼핑몰과 광고에 반영했다. 또한, 모든 광고에 '40년 연구'라는 문구를 공통적으로 삽입했다.

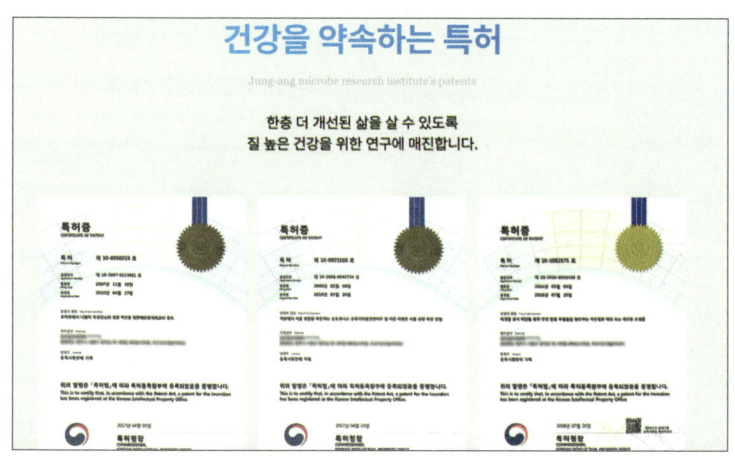

▲ 브랜드 제조사의 특허, 출처: 중앙미생물연구소

고통지수가 높은 질병과 연계된 제품

출시와 동시에 매출이 상승할 수 있었던 배경에는 높은 판매가가 중요한 역할을 했다. 판매가가 20만 원 후반대인 우리 제품을 온라인 광고만으로 판매하는 것은 결코 쉬운 일이 아니었다. 가격이 높은 제품일수록 고객들은 철저한 검증 과정을 거치기 때문에, 광고를 보고 바로 구매로 이어지는 경우는 드물다. 하지만 이런 한계를 극복할 수 있었던 이유는 우리 제품이 고통 지수가 높은 질병에 탁월한 효과를 보였기 때문이다. 예를 들어, 암 환자가 치료에 도움이 된다면 많은 비용을 지불하는 것처럼, 우리 제품도 상당수의 고객들이 겪고 있는 고통스러운 질병에 효과적이었기 때문에, 높은 가격에도 불구하고 순조롭게 판매할 수 있었다.

　판매가가 높은 제품을 성공적으로 판매하려면 고객에게 그 제품의 가치를 확실히 입증해야 한다. 우리 제품은 그 가치를 입증할 수 있는 자료를 효과적으로 제공했고, 이를 통해 가치를 확인한 고객들은 대량 구매를 했다. 그 결과, 평균 1인당 객단가는 50만 원을 넘었다. 1만 원짜리 제품을 10,000개 팔아야 1억 원의 매출을 달성할 수 있지만, 50만 원짜리 제품이라면 200개만 팔아도 같은 매출을 올릴 수 있다. 객단가를 높게 유지할 수 있었다는 점은 매출 달성에 있어 매우 중요한 요소였다.

어떤 콘텐츠로 설득할 것인가

우리 제품은 단일 이미지형 콘텐츠보다는 호흡이 긴 영상 콘텐츠를 채택했다. 고관여 제품이기 때문에 단순한 이미지만으로는 충분한 설득이 어렵다고 판단했기 때문이다. 또한, 콘텐츠의 내용도 단순히 효과가 좋다는 점에 집중하기보다는 실제로 제품을 경험한 사람들의 인터뷰로 제품의 효과를 증명하는 데 중점을 두었다. 판매가가 높은 만큼 고객에게 그 이유를 납득시켜야 상세 페이지로 유입된 고객이 구매로 이어질 확률이 높아지기 때문이다. 결과적으로도 단일 이미지형 콘텐츠보다는 효과를 증명하고 인터뷰 내용을 담은 영상 콘텐츠에서 더 많은 구매 전환이 발생했다.

고관여 제품을 성공적으로 홍보하고, 잘 팔리는 콘텐츠를 제작하는 업체를 보면, 단순히 인플루언서 리뷰 영상에만 의존하지 않는다. 호기심을 자극하는 요소에서 시작해 다양한 상황에서 제품을 설득하고 실제 고객의 리뷰를 보여주며 권위자의 제품 원리 설명, 인플루언서 리뷰, 그리고 프로모션까지 다양한 형태로 제품의 설득력을 차근차근 높여간다. 이러한 접근이 제대로 반영된 콘텐츠는 높은 효율을 발휘한다.

즉각적인 고민 상담

매출이 차츰 상승하던 시기에 전환율을 확실히 높여준 것은 제조사 본부장님의 적극적인 고객 관리였다. 주말도 반납한 채 고객의 다양한 건강 고민 상담부터 제품에 대한 전문적인 답변을 제공했다. '제품이 사기 아니냐'며 시비를 거는 고객도 있었고, 제품과 관련 없는 고민을 털어놓는 고객까지, 모든 질문에 정성스럽게 답변했고, 이러한 정성스러운 응대에 감동해 제품을 구매하는 고객도 많았다. 또한, 제품을 구매하지 않는 것이 좋을 고객에게는 솔직하게 구매를 권하지 않는 응대도 있었다. 이 모든 과정은 다양한 경로로 유입된 고객들을 결국 우리의 팬으로 만드는 과정이었다. 그래서, 판매가 높은 제품일수록 적극적인 고객 관리가 더욱 필요하다.

Ep. 03 : 매출 하락, 과연 극복할 수 있을까?

출시 후 4개월:
매출 하락의 원인을 찾지 못하면 아무 것도 해결할 수 없다

브랜드를 출시하고 4개월이 지나자 이익에 큰 타격을 입었다. 건강식품 카테고리에서 제품을 판매하는 사업자라면 이 상황에 쉽게 공감할 수 있을 것이다. 건강식품과 건강기능식품은 엄밀히 다른 제품이어서, 건강식품은 매번 상세 페이지나 광고 자료를 심의받을 필요가 없지만, 건강기능식품은 식약처의 과장 광고 심의를 받아야 한다. 우리는 당시 건강기능식품 광고 정책에 대해 제대로 이해하지 못한 채 광고를 진행했고, 식약처로부터 콘텐츠의 일부를 수정하라는 갑작스러운 지시를 받았다.

수정 지시를 받고 서둘러 콘텐츠를 수정했지만, 짧은 기간 동안의 영향이 컸는지 매출은 급격히 떨어지기 시작했다. 그동안의 노력이 한순간에 무너지는 듯한 순간이었다. 위기가 찾아왔고, 그 위기는 쉽게 극복되지 않았다. 처음부터 다시 광고 소재를 찾고 상세 페이지를 만들자고 다짐했지만, 하락한 매출이 내부적으로 기준이 되면서 의욕을 상실한 것이 큰 타격을 주었다. 더 답답한 것은 예상 매출액이 인건비조차 감당하기 어려운 상황이었다.

문제를 모르는 것이 문제다

'너희 상세 페이지 상태가 왜 이 모양이야?' 신세나 한탄할 겸 통화했던 선배의 이 한마디에 정신이 번쩍 들었다. 식약처의 지시로 일부 내용을 삭제하기는 했지만, 그와 별개로 너무 많은 정보를 담아 고객에게 구매 전환의 매력을 제대로 전달하지 못한 것이 문제였다.

특히 신규 유입 고객이 관심을 가질 만한 내용은 거의 없고, 이벤트와 회원 가입 혜택만 나열된 상세 페이지에서 우리 제품의 효과나 차별화된 요소에 대한 근거를 확인하려면 스크롤을 적어도 네 번은 내려야 했다. 그 대신 페이지의 가장 중요한 영역은 우리가 이 제품을 얼마나 많이 판매했는지 자랑하는 내용으로 가득했다. 심지어 모바일 버전에서는 구매하기 버튼이 있어야 할 위치에 상담하기 버튼이 배치되어 있을 정도로 상태가 심각했다.

선배와 통화하기 전까지만 해도, 현재 매출 하락의 원인을 식약처의 지시로 상세 페이지에서 삭제된 내용 때문이라고만 생각했다. 그러나 수정 지시에만 매몰되어 진정한 대책을 마련하지 못한 것이 가장 큰 이유였다. 매출 하락의 가장 큰 문제는, 정작 그 원인이 무엇인지조차 파악하지 못한 데 있었다. 그래서 다시 처음으로 돌아가 철저히 고객의 관점에서 실제 구매할 고객이 궁금해할 만한 사항을 차례대로 정리하기 시작했다. 또한, 우리의 광고를 보고 품을 만한 의문들을 정리하면서 차근차근 진짜 문제를 해결하기 위한 과정을 밟아 나가기 시작했다.

판을 바꾼다는 것

이전에는 매출의 90% 이상을 메타 광고에 의존했다. 아니, 다른 매체보다 두 배 이상의 효율을 얻을 수 있었기 때문에 메타 광고에 의존할 수밖에 없었다. 하지만 문제의 원인을 깨달은 후, 처음부터 다시 메타 광고를 진행할 생각을 하니 예산의 90% 이상을 메타에 투자한 것이 오히려 약점이 될 수도 있다는 생각이 들었다. 물론 메타 광고, 네이버 GFA, 구글 광고 모두 높은 효율로 매출을 창출하고 있었지만, 이런 매출 하락이 또다시 발생할 수 있다는 생각에 매출을 창출하는 채널을 다각화해야 한다는 필요성을 절실히 느꼈다. 그때 또 다른 선배와 대표님들께 자문을 구하던 중, 백화점의 판촉 행사처럼 지금까지 생각하지 못했던 영역까지도 고민해 보라는 조언에서 해결의 실마리를 찾을 수 있었다.

이때부터 자사 쇼핑몰 외에도 스마트스토어, 쿠팡과 같은 오픈 마켓 등으로 판매 채널을 더 구체적으로 설정하기 시작했다. 또한, 광고로 발생하는 매출 외에도 인플루언서 공동 구매, TM 판매 등 극단적인 상황에서 광고가 중단되더라도 매출이 발생할 수 있는 방법을 연구하기 시작했다. 그러자 차츰 인플루언서 공동 구매와 TM 판매에서도 매출이 발생하기 시작했고, 비록 그 금액이 몇백만 원에 불과했지만 감사할 수 있었다. 절대적으로는 작은 금액이지만, 또 다른 의미에서 새로운 매출 영역이 만들어지고 있다는 신호였기 때문이다. 이뿐만 아니라, 내부에서 해결할 수 없는 업무는 과감하게 외주화해야 한다는 것도 깨달았다. 만약 내부에서 모든 것을 해결하려고 했다면 새로운 매출 채널을 발굴하지 못했을 것이다. 애매하게 처리할 바에는 과감하게 위임하는 것이 훨씬 낫다는 것을 깨닫는 시간이었다.

리소스, 선택과 집중

브랜드 준비를 진행하는 브랜드팀을 제외한 영업 및 마케팅팀은 현재 우리가 하고 있는 모든 업무를 다시 평가했다. 과연 지금 수행하는 일이 내일, 다음 주, 혹은 최종 월말의 성과에 기여하는 의미 있는 과업인지 고민하며 매일 업무 보고를 하고 있지만, 이 업무 보고가 현재 상황을 타개하는 데 최선의 방법인지 의문이 들었다. 콘텐츠 성과가 뛰어난 사람에게는 그 업무에만 집중할 수 있는 환경을 만들어 주었고, 여러 업무를 동시에 처리해야 하는 사람들에게는 당장 빠져서는 안 될 업무를 재조정하여 매일 상황에 맞게 우선순위를 조정하도록 했다.

나 또한 매출 보고를 받아야 하는 상황인지 고민하며, 매출 보고를 받는 대신 직원들과 함께 실무를 진행했다. 상세 페이지, 프로모션, CRM, 그리고 캠페인 예산 운영 등 팀원들이 성과를 낼 수 있는 환경을 만드는 데 도움이 되는 일이라면 무엇이든 했다. 전쟁 중에는 모두가 총을 들고 싸워야 하듯, 눈앞에 보이는 업무들을 모두 처리하고 정리했다. 그렇게 하자 상황이 조금씩 개선되는 것이 눈에 보이기 시작했다.

당시를 떠올리면 더 많은 이야기를 해야 할 것 같지만 결과적으로 1~2%에 불과했던 영업 이익률을 15% 가까이 끌어올렸고, 매출 목표도 기존의 두 배 이상을 달성할 수 있었다. 이런 위기 극복의 경험은 앞으로의 프로젝트에서도 큰 자산이 될 것이라 확신한다. 할 수 있는 일, 하고 싶은 일보다, 이런 경험이 훨씬 더 값지다는 것을 뼈저리게 깨달은 시간들이었다.

Ep. 04 : 진대표, 제조업 20년

이래로 최고 매출이에요

출시 후 7개월:
8개월 차, 역대 최고 매출을 갱신하다

매출이 다시 회복되며 월 매출 4억 원을 넘겼다. 다른 유통 매출까지 합산하면 월 5억 원은 훨씬 넘었을 것이다. 당시 대표님은 20년간 운영해 온 회사에서 최고 매출을 달성했다고 하며, 기분 좋은 선물도 보내 주었다. 이번에는 그때 매출을 올릴 수 있었던 몇 가지 요인들을 정리해 보았다.

공급가액	부가가치세	매출금액	관리수수료	연동수수료	이니시스 수수료	정산금액
353,270,045	35,327,005	388,597,050	-10,413,381	-1,791,481	-7,081,251	369,310,937
4,863,273	486,327	5,349,600	-154,681	-3,980	0	5,190,939
7,140,909	714,091	7,855,000	-141,290	0	0	7,713,710
2,763,636	276,364	3,040,000	-20,458	-3,380	0	3,016,162
922,727	92,273	1,015,000	-256,414	0	0	758,586
3,138,578	313,858	3,452,436	-245,609	-1,404	0	3,205,423
36,182	3,618	39,800	-1,203	-796	0	37,801
0	0	0	0	0	0	0
9,545	955	10,500	-315	0	0	10,185
10,432,000	1,043,200	11,475,200	0	0	0	11,475,200
385,531,987	38,553,199	424,085,186	-11,271,873	-1,823,313	-7,081,251	403,908,749

▲ 당시 정산표

매출 시즌을 활용한 프로모션

온라인에서 제품을 몇 년간 판매해 본 사람이라면, 제품마다 잘 팔리는 매출 시즌이 있다는 것을 잘 알 것이다. 우리 제품 역시 매출 시즌이 있었고, 명절처럼 부모님께 선물하기 좋은 시기에는 매출이 평소보다 높았다. 그래서 아예 어버이날이라는 시의성을 활용해 프로모션을 준비했다. 프로모션이 성공하기 위해서는 두 가지 조건이 필요하다. 첫째, 한정된 기간을 설정하는 것. 둘째, 이 기간에만 제공되는 특별한 가격과 구성을 마련하는 것이다. 또한, 가장 중요한 것은 프로모션을 시작하기 한 달 전부터 철저히 준비해야 한다. 단순히 카카오 채널로 광고를 보내는 것만으로는 충분한 효과를 얻을 수 없으며, 그렇게만 해서는 효율을 극대화하기 어렵다.

자사 쇼핑몰에 들어가자마자 보이는 메인 페이지의 배너부터 이벤트, 공지사항, 그리고 고객들이 유입되는 모든 제품의 상세 페이지 위의 띠 배너까지 모든 영역에 지금 이 순간, 이벤트가 진행되고 있다는 것을 알렸다. 그다음으로 광고 매체의 타겟 설정 기능을 활용해, 우리 제품을 사용해 본 경험이 있는 기존 고객에게만 집중적으로 광고를 노출했다. 마지막으로 카카오 채널을 통해 프로모션을 알렸다. 이렇게 모든 고객이 이벤트를 인지할 수 있도록 설정한 후 광고를 진행해야 프로모션 구매 전환율을 제대로 높일 수 있다.

고객 페르소나별 상세 페이지

제품을 출시하고 가장 효율이 좋았던 광고는, 우리 제품을 사용하고 건강이 개선되었다는 내용의 콘텐츠였다. 어떻게 보면 뾰족하지 않은 콘텐츠였기 때문에, 이 콘텐츠로 인한 매출의 한계는 명확했다. 특정 광고 콘텐츠에 한계가 있다는 것은 이 광고에 반응하는 타겟이 제한적이라는 의미이기도 하다. 그래서 프로모션 전부터 좀 더 직관적으로 제품을 알릴 수 있는 방법을 고민했다. 예를 들어, 단순히 건강을 걱정하는 남성이 아닌, 하루에 한 갑 이상 흡연하는 40대 남성이나 일주일에 3일 이상 술을 마시는 50대 남성처럼 우리 제품이 필요할 것으로 예상되는 예비 고객에게 제품이 필요한 순간을 직관적으로 전달할 수 있도록 고객 페르소나를 재설정했다.

이렇게 흡연이나 음주와 같이 건강에 해로운 습관을 가진 사람들을 위한 고객 페르소나별 맞춤 상세 페이지도 제작했다. 그리고 각 상세 페이지에 맞는 이미지와 영상 광고 콘텐츠를 최대한 개발했다. 매출 성과가 높았던 달의 매출 구조를 살펴보면, 여러 갈래로 나눈 타겟, 즉 건강 개선(33%), 흡연(33%), 음주(33%)에 고민이 있는 사람들의 구매가 고르게 분포되어 있었는데 만약 단순히 예전의 '건강이 개선됐다'라는 광고 콘텐츠만 고집했다면 세부적으로 설정한 고객이 우리 제품을 구매하도록 이끌 수 없을 것이었다.

이 고객 페르소나별 상세 페이지는 매출 확장에 필수적인 도구였다. 우리가 판매하는 건강기능식품은 여러 증상에 효과가 있었기 때문에, 건강이 어떻게 개선되는지 구체적인 효과를 제시하다 보면 고객 페르소나를 세분화할 수 있었고 이렇게 고객 페르소나를 세분화하면, 단순히 '건강이 개선되었다'는 메시지보다 특정 고객 페르소나를 우리 사이트로 유입시킬 수 있어, 고객이 광고를 클릭할 확률도 더 높아졌다. 이러한 매출 확장을 위한 밑작업 덕분에 최고 매출을 달성할 수 있었다.

제품 라인업 확장

주요 제품을 필두로 몇 가지 부가 제품들도 매출을 견인하는 데 한몫했다. 부가 제품의 매출은 전체 매출의 20%를 차지했는데, 예를 들어 주요 제품이 30만 원인 상황에서 부가 제품이 없다면 객단가는 30만 원 선에서 그치지만, 부가 제품이 있으면 할인율을 감안하더라도 적어도 35만 원의 객단가를 만들어낼 수 있다. 30만 원에서 겨우 5만 원밖에 오르지 않았다고 생각할 수도 있지만, 금액만으로 판단해서는 안 된다. 객단가가 30만 원에서 35만 원으로 늘었다는 것은 약 15%의 상승을 의미한다. 매출이 5억 원이라 가정하면, 이는 7천만 원이라는 큰 금액으로 이어지는 상당한 상승률이다.

그렇기에 주요 제품 외에도 주요 제품과 연계 판매할 수 있는 부가 제품을 구비해야 한다. 이렇게 연계 판매할 수 있는 부가 제품은 주요 제품을 구매하는 타겟과 연관성이 있어야 한다. 고객이 주요 제품을 사는 김에 부가 제품까지도 구매할 이유가 있어야 구매로 이어진다. 만약 아무런 연관이 없는 제품을 연계하여 판매한다면, 아무리 할인을 하더라도 구매하지 않을 것이다. 우리가 필요 없는 제품이 단 돈 1,000원이라도 쳐다보지 않는 것처럼 말이다.

Ep. 05 : 매출은 발생했는데, 영업 이익이 이 모양이라고?

**출시 후 9개월:
온라인 브랜드 사업자들의 89%가 겪는 실수**

브랜드를 출시하고 8개월 만에 최고 매출을 달성하며 계속해서 매출 고공 행진이 이어질 것이라 기대했지만, 현실은 그렇지 않았다. 브랜드 출시 9개월 이후부터 매출이 조금씩 하락하기 시작했다. 그러나 적정 매출을 유지하고 있었기 때문에 심각한 상황이라고는 생각하지 않았다. 최고 매출 달성은 여러모로 시기가 좋았던 덕분이라고 여겨 안일하게 운영을 계속했다. 하지만, 브랜드 출시 후 1년이 지난 시점에서 정산을 해 보니 상황이 심각하다는 것을 깨달았다. 평소 15~20%를 유지하던 마진율이 어느새 10% 미만으로 떨어져 있었고, 그 원인을 광고에서 찾으려 했으나, 광고 콘텐츠를 고민하고 광고 매체에서 예상 가능한 모든 상황을 검토해 봐도 마진율은 개선되지 않았다.

고민을 계속하던 중 문제의 원인을 발견했고, 결국 가장 큰 문제가 '가격'이라는 것을 깨달았다. 그리고 아이러니하게도, 최고 매출을 달성했던 달이 진정한 최고 매출이 아니라, 미래의 매출을 당겨 쓴 결과라는 사실을 깨닫고 머리가 띵했다. 최고 매출을 달성했던 그 달, 고객에게 가장 반응이 좋았던 제품 구성은 3+1이었는데, 해당 구성의 가격이 이익을 내는지 정확히 따지지 않고, 단지 폭발적으로 늘어나는 매출에 현혹되어 매출 증가만을 쫓았다. 이 안일한 판단이 결국 마진율 하락의 원인이었다. 매출은 발생하지만 이익은 발생하지 않는 아찔한 상황이 이미 진행되고 있었던 것이다.

그럴 수밖에 없었던 배경이 있었다. 기존에 프로모션이나 이벤트를 할 때 가격 할인을 크게 신경 쓰지 않았던 것이 가장 큰 원인이었다. 또한, 그렇게 가격을 낮추는 프로모션을 자주 진행하다 보니, 해당 제품을 다루고 있는 기존 유통업체들이 슬쩍 제품의 가격을 내리기 시작했다. 그 결과, 고객들은 가격 비교를 통해 유통업체에서 제품을 구매하기 시작했고, 본사에서 아무리 광고를 해도 매출이 유통업체로 분산되는 현상이 나타났다. 이는 본사 매출뿐만 아니라 브랜드의 수익성에도 큰 타격을 주었다. 매출이 발생하더라도 이익이 남지 않는 상황이 이미 진행되고 있었던 것이다. 게다가 가격 인하로 인해 제품의 마진율이 크게 떨어지면서, 브랜드의 수익성도 악화되었다. 가격이 무너진다는 것이 얼마나 뼈아픈 결과를 초래하는지를 몸소 느끼게 되었다.

단기 매출을 포기할 각오로 가격 정책을 모두 수정했다. 또한, 가장 반응이 좋았던 3+1 구성도 유지하되, 가격을 변경했다. 대신, 고객들에게 가격 할인 외에 건강 무료 컨설팅 같은 서비스 제품을 제공하도록 품목을 구성했다. 이렇게 객단가를 다시 다잡기 위한 작업들을 순차적으로 진행했다.

그 후 영업 이익을 개선하기 위해 전환율을 높이는 데 집중하며 다시 상세 페이지를 대대적으로 수정하기 시작했다. 광고비를 늘리지 않더라도 전환율이 두 배로 높아지면 매출도 두 배로 증가할 것이라는 생각으로 상세 페이지를 점검했다. 이 과정에서 집중적으로 검토한 것은 우리 고객의 페르소나였다. 과연 우리의 고객 페르소나에 맞게 상세 페이지가 설계되어 있는지, 성별, 나이, 라이프스타일 등 모든 사항을 정리했다. 또한, 설정한 고객이 상세 페이지에 유입되었을 때 공감할 수 있는 내용을 빠짐없이 채워 넣기 시작했다. 고객 페르소나를 다시 정의하고, 우리 고객이 누구인지, 어떤 나이대에 속하고, 어떤 옷을 입으며, 어떤 음식점을 가고, 어떤 회사에 다니는지 등을 끊임없이 고민하며 한 문장으로 정리해 나갔다.

상세 페이지 영역은 많은 사람들이 놓치는 광고 지면 중 하나이며, 심지어 이를 광고 지면이라고 생각하지 않는 이들도 많다. 실제로 유행처럼 번지는 100% 환불 정책 문구를 대부분 상세 페이지 상단에 배치하지만 이 문구를 배치하자 전환율이 2~3배 높아진 적이 있었다. 상세 페이지 상단 영역에서 고객에게 제품 이미지 외에 무엇을 전달할 수 있을지 고민한 끝에, 후기의 중요성을 다시금 깨달았다. 진정성 있게 작성된 후기를 재가공해 상세 페이지 상단에 등록했고, 제품 특성상 원료와 효과를 증명할 수 있는 과학적 근거를 중요하게 생각하므로 이 부분도 상세 페이지를 열자마자 한눈에 볼 수 있도록 구성했다.

다행히도, 이런 노력 덕분에 전환율은 약 2배, 객단가는 약 1.8배까지 개선할 수 있었다. 이 과정은 광고에만 집중했던 우리의 전략을 다시 한번 되돌아보는 계기가 되었다. 만약 문제의 원인을 오직 광고에서만 찾았다면, 또 다시 무엇이 문제인지조차 파악할 수 없는 아찔한 상황이 계속되었을 것이다. 매출이 하락하고 있을 때 특정 영역에만 집중해서는 해결책을 찾을 수 없다. 광고의 유입, 전환, 객단가 이 모든 요소를 면밀히 검토해야만 결국 효과적인 대안을 찾을 수 있다.

Ep. 06 : 명분 없는 할인은 매출 몰락의 지름길이다

매출 하락시 점검해야 할 체크 리스트

매출이 상승할 때는 모든 것이 아름다워 보인다. 서로 앞날의 비전을 이야기하며, 신제품 아이디어도 끊임없이 쏟아진다. 그러나 진짜 게임은 매출이 하락할 때 본격적으로 시작된다. 매출이 하락하면 누구나 원인을 분석하지만, 대부분의 결론은 결국 프로모션으로 귀결된다. 회의 때마다 사은품과 할인율이라는 단어는 빠지지 않는다. 사은품은 동일한 비용으로 무언가를 더 얹어주는 것이고, 할인율은 우리의 영업 이익을 깎아내리는 고통을 감수하는 것을 의미한다. 어느 쪽을 선택하더라도, 결과적으로 입맛이 쓸 수밖에 없다.

사은품과 할인율은 피 같은 재고와 이익을 내주며 매출을 올리는 방법이다. 특히 할인은 가장 쉽게 빠질 수 있는 유혹이다. 가격만 조정하면 바로 실행할 수 있기 때문이다. 아직 할인 프로모션을 운영하지 않았다면, 첫 할인 프로모션에서 상승하는 매출을 성과로 착각하기 쉽다. 그러나 할인 프로모션을 계속하다 보면, 결국 고객들의 반응이 둔감해지는 시점이 오고, 할인이라는 치킨 게임의 끝에 영업 이익이 마이너스로 돌아서는 것은 이미 정해진 운명이다. 이것은 사은품 프로모션도 크게 다르지 않다. 그래서 이러한 조치를 취하기 전에 먼저 살펴봐야 할 것은 '왜 매출이 떨어졌는가'를 점검하는 것이다.

매출 하락에는 여러 가지 원인이 있을 수 있으므로, 그 이유를 파악하기 전에 마음을 단단히 먹어야 한다. 마치 안개 낀 망망대해에서 보이지 않는 목적지를 찾아 헤매는 배처럼, 원인을 찾는 과정은 매우 고통스럽기 때문이다. 몇 가지 예상되는 문제점을 개선하더라도 매출이 쉽게 회복되지 않는다면, 내가 직접 경험하며 어렵게 찾은 몇 가지 체크리스트를 소개한다. 이 체크리스트를 통해 무리한 조치 없이 매출 회복의 실마리를 찾을 수 있기를 바란다.

우리 제품은 시즌성 제품인가?

설날, 추석, 어버이날, 스승의 날이나 여름, 겨울, 연말연초 등 특정 시기에 매출이 집중되어 있다면, 의도하지는 않았지만 우리 제품이 시즌 제품이라는 것을 깨달아야 한다. 여름에만 잘 팔릴 수밖에 없는 제품이 겨울에도 잘 팔리길 원한다면, 매출이 떨어졌을 때 대안을 마련하기 어렵다.

지금 제품 컨셉이 최선인가?

현재 판매 중인 제품이 정말 우리의 컨셉에 부합하는지 고민해 봐야 한다. 제품이 팔리긴 하지만, 영업 이익만 겨우 발생하는 상황이 계속된다면 개선할 여지가 분명히 있다. 매출을 늘리기 위해서는, 다른 사람들이 팔지 못하는 새로운 제품을 판매하거나 남들이 생각하지 못한 방법으로 접근해야 한다. 우리는 과연 그런 차별화된 방식으로 판매하고 있는지 진지하게 고민해 볼 필요가 있다.

광고 콘텐츠와 상세 페이지가 일치하는가?

여러 광고 콘텐츠를 만드는 업체들 중에는 광고 콘텐츠와 상세 페이지의 연결성이 떨어지는 경우가 흔하다. 이제 고객들은 광고에서 호기심이 생겼다고 해서 바로 제품을 구매하지 않는다. 광고에서 호기심을 불러일으켰다면, 상세 페이지에서는 그 호기심을 기반으로 고객을 설득할 수 있는 정보를 배치해야 한다. 그래야 고객이 신뢰를 가지고 제품을 구입한다.

고객이 구매에만 집중할 수 있는 상세 페이지인가?

쇼핑몰을 운영하다 보면 판매자로서 하고 싶은 이야기가 끊임없이 생긴다. 이러한 이야기들을 상세 페이지에 하나둘씩 추가하다 보면, 광고를 통해 유입되었지만 아직 제품에 대해 확신하지 못한 고객이 관심을 가질 만한 내용이 부족해져 이탈할 가능성이 높아진다. 만약 상세 페이지의 이탈률이 높다면, 고객이 구매에만 집중할 수 있는 환경이 조성되었는지 점검해 보자.

사이트의 로딩 속도를 체크했는가?

쇼핑몰을 오래 운영할수록 사이트가 점점 무거워진다. 전하고 싶은 이야기가 많아지고, 판매하는 제품도 늘어나면서 자연스럽게 상세 페이지의 길이도 길어진다. 그래서 대부분의 고객이 접속하는 모바일에서 사이트 로딩 속도가 너무 느리지 않은지 꼭 확인해야 한다. 만약 상세 페이지가 로딩되는 데 5초 이상 걸린다면, 고객들은 기다리지 않고 이탈해 버릴 가능성이 높다.

신규 고객 유치에만 집착하고 있지는 않은가?

신규 고객을 유치해 첫 구매를 유도하는 것보다, 이미 구매한 기존 고객에게 재구매를 유도하는 것이 판매자 입장에서 훨씬 더 효율적이다. 단순히 제품 구매를 유도하기 위해 드는 광고비와 이미 고객이 된 사람에게 푸시 문자를 보내는 비용을 비교해 보면 그 차이는 명확하다. 그렇기 때문에, 기존 고객이 재구매할 수 있는 환경이 잘 조성되어 있는지 꾸준히 점검하는 것이 중요하다.

객단가를 올리려는 실험은 지속되고 있는가?

객단가를 끌어올리기 위해서는 다양한 방법으로 추가 구매를 유도하는 실험을 꾸준히 진행하는 것이 중요하다. 예를 들어 여러 향의 섬유유연제를 판매한다면, 다양한 향을 조합할 수 있는 레시피를 제시해 고객이 한 개 이상의 제품을 구입하고 직접 조합해 보도록 제안하는 것이다. 이런 식으로 추가 구매를 유도하는 실험을 반복하면 객단가를 크게 상승시킬 수 있다.

광고 소재에 대한 피로도를 고려하고 있는가?

같은 고객에게 비슷한 광고를 계속 노출하면, 처음에는 흥미를 느껴 사이트로 유입시킬 수 있다. 그러나 이후에도 비슷한 광고만 반복된다면, 고객은 점점 피로감을 느끼고 결국 이탈할 가능성이 커진다. 제품이 잘 팔리는 포인트가 있다면 그 부분을 유지하면서도 새로운 형식으로 광고를 지속적으로 노출하는 것이 중요하다.

우리의 고객이 모여 있는 곳에 광고를 송출하고 있는가?

진정한 우리의 고객이란, 우리 제품을 구매할 가능성이 있는 잠재 고객을 의미한다. 매체에 따라 50대 이상이 잘 반응하는 곳이 있는가 하면, 30~40대가 주로 반응하는 곳도 있다. 또한, 각 매체는 인구통계학적으로 고객 특성에 맞는 타게팅 시스템을 잘 갖추고 있다. 우리의 고객을 정확하게 정의하고, 그에 맞는 매체를 적절히 선택하고 있는지 꼼꼼히 점검해야 한다.

매체를 끊임없이 늘리는 시도를 하고 있는가?

우리 제품이 어떤 방식으로 잘 팔리는지 파악했다면, 가능한 한 다양한 매체에서 우리의 콘텐츠가 노출되도록 해야 한다. 예를 들어, 15초 미만의 숏폼 콘텐츠가 반응이 좋다면, 틱톡에만 집중하지 말고 인스타그램 릴스, 유튜브 숏츠 등 숏폼 콘텐츠가 노출될 수 있는 모든 플랫폼에서 시도해 보아야 한다.

찾아보기

영어

Call to Action	… 127
CLTV	… 28
CPC	… 27, 171
CRM	… 29, 60
CRM 솔루션	… 44
CTR	… 27, 171
PPL	… 146, 206

ㄱ

간접 전환	… 254
객단가	… 26, 71, 82, 296
건강식품 쇼핑몰	… 192
검색 브랜딩	… 23, 47, 51
고객 관계 관리	… 28, 187
고객 페르소나	… 88, 112, 285
고관여 제품	… 111, 157, 273
광고	… 136
광고 관리자	… 215, 241
구매 동선	… 20, 47

ㄷ

단일 이미지 콘텐츠	… 161

ㄹ

리뷰 솔루션	… 37
리뷰 크롤링	… 40

ㅁ

머신러닝	… 241
목적 구매	… 264
메타	… 198, 216

ㅂ

바이럴 마케팅	… 24, 57
블로그 체험단	… 57
비교 우위 전략	… 132

ㅅ

사은품	… 97, 292
사이트 최적화	… 20, 31, 37
상세 페이지	… 33, 177, 285
생산비	… 95
생활용품 쇼핑몰	… 191
선전	… 136
세금	… 96
수수료	… 96
스몰데이터	… 204
스타일 나이	… 120

ㅇ

유입률	… 73, 87
이탈률	… 21
인건비	… 95
인공지능	… 215, 241, 244

ㅈ

전환율	… 69, 75, 87, 177
제품 소싱	… 114
젠지세대	… 204
준거집단	… 201
저비용고효율	… 211
직접 전환	… 91, 254

ㅊ

최적화 문장	… 165
충동 구매	… 74, 185, 264

ㅋ

카피라이팅	… 163
콜 투 액션	… 127

ㅍ

패션 쇼핑몰	… 190
퍼포먼스 마케팅	… 28, 236, 241, 244
페이스북	… 196

ㅎ

한 우물 전략	… 158
화장품 쇼핑몰	… 190
환불 정책	… 184
효율의 불균형	… 26